XIN SHIQI GAOXIAO XUESHENG GONGZUO
CHUANGXIN YANJIU

新时期高校学生工作创新研究

蔡运记　刘　智　著

北京理工大学出版社
BEIJING INSTITUTE OF TECHNOLOGY PRESS

版权专有　侵权必究

图书在版编目（CIP）数据

新时期高校学生工作创新研究 / 蔡运记，刘智著
. --北京：北京理工大学出版社，2022.1
　　ISBN 978-7-5763-0928-7

Ⅰ.①新… Ⅱ.①蔡… ②刘… Ⅲ.①高等学校-学生工作-研究 Ⅳ.①G645.5

中国版本图书馆 CIP 数据核字（2022）第 023970 号

出版发行 / 北京理工大学出版社有限责任公司	
社　　址 / 北京市海淀区中关村南大街 5 号	
邮　　编 / 100081	
电　　话 / （010）68914775（总编室）	
（010）82562903（教材售后服务热线）	
（010）68944723（其他图书服务热线）	
网　　址 / http://www.bitpress.com.cn	
经　　销 / 全国各地新华书店	
印　　刷 / 三河市华骏印务包装有限公司	
开　　本 / 710 毫米×1000 毫米　1/16	责任编辑 / 徐　宁
印　　张 / 13.5	文案编辑 / 杜　枝
字　　数 / 208 千字	责任校对 / 刘亚男
版　　次 / 2022 年 1 月第 1 版　2022 年 1 月第 1 次印刷	责任印制 / 李志强
定　　价 / 88.00 元	

图书出现印装质量问题，请拨打售后服务热线，本社负责调换

前　言

随着社会的不断发展，知识经济时代的到来，我国高等教育呈现出一种大众化的发展趋势。其中，学生工作是高校工作的重点，它直接影响着高校其他工作的顺利展开，甚至影响着社会的稳定。学生管理工作是约束学生行为规范的规则系统，而学生管理制度模式的发展和创新直接影响了制度的质量和执行。我国经济社会的发展和高校的改革给学生管理工作带来了一定的挑战。同时，在高等教育大众化的发展趋势下，高校学生的管理环境和高校学生群体的实际情况已经产生了一些新的变化。此外，由于当前我国高校学生群体在家长的百般宠爱之下长大，这些学生往往有着讲究效率、追求时尚、过于关注个人利益与个人价值的特点。在当代高校学生的政治信仰、价值取向和人生态度存在多元化特点的情况下，我们有必要对新时期高校学生工作进行分析与探究，从而促进学生进一步成长。

本书主要分为六章，分别从不同角度对我国高校学生工作进行分析，以使高校学生工作在新时代实现创新发展，全面完善学生管理工作。蔡运记负责撰写第一章、第三章、第五章和第六章；刘智负责撰写第二章和第四章，全书由蔡运记统稿。主要内容如下：第一章为高校学生工作基础概述，主要从大学基本发展历程、高校学生工作概念及特点、高校学生工作能力的概念内涵等方面对其进行分析，从而深层次地阐述高校学生工作的内涵；第二章为高校学生工作现状及问题分析，通过分析高校学生工作现状有助于发掘管理工作中存在的问题，从而帮助高校管理者有效解决问题；第三章为高校学生工作和学校社会工作，主要对高校学生工作和学校社会工作进行辨析，突出社会工作介入高校学生工作的重要性，并提出融入的有效路径；第四章为高校院系学生工作管理系统分析与设计，这一系统的分析与设计能促进高校学生工作的有效进行，也是新时期高校实现管理创新发展的有效途径之一；第五章为大数据背景下高校学生工作转型，现阶段随着互联网的高速发展，信息化技术在高校中的应用越来越广泛，这一部分分析了在大数据背景下高校学生工作的内容与作用，并表明未来高校学生工作的发展方向；第六章为新时期学生工作的创新发展，主要根据上述高校学生工作的现状及问题提出有效解决措施，从而促进高校学生工作的完善发展。

著　者

目 录

第一章 高校学生工作基础概述 …………………………………………… 1
 第一节 高校学生工作概念及特点 …………………………………… 1
  一、高校学生工作概述 ………………………………………………… 1
  二、我国高校学生工作的特点 ………………………………………… 11
 第二节 高校学生工作能力的概念内涵及结构模型 ………………… 15
  一、高校学生工作能力的概念及维度划分 …………………………… 15
  二、高校学生工作能力各维度内涵解析 ……………………………… 17

第二章 高校学生工作现状及问题分析 …………………………………… 26
 第一节 中国高校学生工作现状 ……………………………………… 26
  一、中国高校学生工作组织架构状况分析 …………………………… 26
  二、当代高校学生的成长环境和群体特征 …………………………… 29
  三、中国高校学生工作者队伍状况分析 ……………………………… 33
  四、中国高校学生工作取得的成就 …………………………………… 36
 第二节 中国高校学生工作问题及原因 ……………………………… 40
  一、当代中国高校学生工作存在的问题 ……………………………… 40
  二、当代中国高校学生工作存在问题的归因分析 …………………… 44
 第三节 我国高校学生工作面临的环境挑战 ………………………… 47
  一、社会转型给高校学生工作带来的挑战 …………………………… 47
  二、信息化给高校学生工作带来的挑战 ……………………………… 49

三、高等教育改革给高校学生工作带来的挑战 ······················· 51

第三章　高校学生工作和学校社会工作 ······························· 53
第一节　高校学生工作和学校社会工作辨析 ························· 53
　　一、定义辨析 ··· 53
　　二、工作领域辨析 ··· 54
　　三、基本职能辨析 ··· 58
　　四、工作原则辨析 ··· 60
　　五、基本工作模式辨析 ··· 64
第二节　社会工作介入高校学生工作的空间 ······················· 68
　　一、介入高校辅导员工作 ··· 68
　　二、介入高校学生思想和心理教育 ····································· 68
　　三、介入高校学生弱势群体问题 ······································· 71
　　四、介入高校少数民族学生问题 ······································· 73
　　五、介入高校学生安全问题与寝室管理 ································· 74
第三节　学校社会工作嵌入高校学生工作 ························· 74
　　一、学校社会工作嵌入高校学生工作的可行性 ·························· 74
　　二、学校社会工作嵌入我国高校学生工作的挑战 ························ 76
　　三、学校社会工作嵌入高校学生工作的路径选择 ························ 78

第四章　高校院系学生工作管理系统分析与设计 ····················· 85
第一节　需求分析 ··· 85
　　一、系统目标 ··· 85
　　二、系统的可行性分析 ··· 86
　　三、总体用例分析 ··· 87
第二节　系统建模与系统功能需求 ································· 88
　　一、主要用例建模 ··· 88
　　二、行为建模 ··· 100

三、系统功能需求 ··· 109
　　四、系统性能需求 ··· 110
　第三节　系统设计 ·· 111
　　一、系统总体设计 ··· 111
　　二、系统功能模块设计 ··· 112

第五章　大数据背景下高校学生工作转型 ··························· 122
　第一节　大数据背景下的高校学生工作分析 ···························· 122
　　一、大数据的主要特点、类型与关键技术 ····························· 122
　　二、大数据背景下高校学生工作面临的挑战 ··························· 127
　　三、大数据背景下高校学生工作迎来的机遇 ··························· 137
　第二节　大数据背景下高校学生工作转型的内容 ························ 141
　　一、大数据促进高校学生工作模式的转型 ····························· 142
　　二、大数据促进高校学生工作方法的转型 ····························· 148
　　三、大数据促进高校学生工作数据管理的转型 ························· 154
　第三节　大数据背景下高校学生工作转型的保障 ························ 157
　　一、大数据背景下创新学生工作队伍建设 ····························· 157
　　二、大数据背景下优化学生工作环境 ································· 161

第六章　新时期学生工作的创新发展 ······························· 165
　第一节　我国高校学生工作创新发展的时代要求 ························ 165
　　一、全球化背景下的人才诉求对高校学生工作提出新要求 ··············· 165
　　二、信息化时代的人才诉求对高校学生工作提出新要求 ················· 168
　　三、新时代中国特色社会主义思想对高校学生工作提出新要求 ··········· 170
　第二节　高校学生工作的职业化能力的形成与提升 ······················ 175
　　一、基于知识的高校学生工作战略管理能力的提升 ····················· 175
　　二、基于知识的高校学生工作组织架构能力的提升 ····················· 180
　　三、基于知识的高校学生工作规范评价能力的提升 ····················· 185

第三节 "新常态"背景下高校学生管理工作的创新 …………… 190
　一、高校学生工作管理理念创新 …………………………… 190
　二、高校学生工作管理制度创新 …………………………… 191
　三、高校学生工作管理模式创新 …………………………… 191
　四、高校学生工作管理方式创新 …………………………… 192
第四节 高校学生工作下的新媒体使用对策 …………………… 192
　一、健全高校新媒体使用机制 ……………………………… 193
　二、推进高校学生工作者使用新媒体的队伍建设 ………… 195
　三、转变高校学生工作者的态度 …………………………… 197
　四、创新高校学生工作的内容、形式和方法 ……………… 200

参考文献 ……………………………………………………………… 205

第一章

高校学生工作基础概述

■ 第一节　高校学生工作概念及特点

一、高校学生工作概述

随着我国高等教育的不断发展，学校对学生"以人为本"教育理念的不断深入，高校学生工作日益受到重视。国家要求提升高等教育的人才培养水平和高校学生工作的水平，因而高校学生工作以及高校学生工作能力水平的提升成为研究热点。

（一）高校学生工作概念

1. 高校学生工作的定义

高校学生工作这一概念被越来越多地使用，但是其容易与学生思想政治教育、高校德育、学生管理、学生事务等混淆。

思想政治教育的概念，是从政治工作、思想工作、思想政治工作等相关概念演化而来的。高校学生思想政治教育是指"以高校学生为特定的对象，对其进行思想、政治、道德教育，是教育者与受教育者，根据社会和其自身发展的需要，以一定的理论作为指导，在适应与促进社会发展的过程中，不断提高其思想、政治、道德素质，促进高校学生成长的过程"。

高校学生思想政治教育与高校德育目前来看基本是一个概念，常被交互使用。高校德育"即思想、政治和品德的教育，它体现了教育的社会性与阶级性，是高校教育的重要组成部分。它与高校的智育、体育等相互联系、彼此渗透、密切协调、共同育人"。

学生事务（Student Affairs）是一个"舶来品"，在当今的美国高等教育领域与学术事务（Academic Affairs）是相对的概念。通常来讲，学术事务涉及学生学习、课程设置、认知发展等。学生事务则涉及学生课外活动、学生住宿生活、学生情感问题或个人问题等。所以，学生事务又可以统称为学生的非学术型活动或课外活动，涵盖学生课外的一切活动。

高校学生管理是指高校的学生管理人员，通过对学校资源的计划、组织、协调及运用，来实现学生的培养目标的过程，是高校管理的重要组成部分。高校学生管理涵盖学生事务、学生组织、学生教育以及学生行为管理，既是对学生的管理，又是对学生相关事务的管理。

本书将高校学生工作界定为："在高校中，通过课外活动和非学术性工作，对学生施加教育影响，促进学生成长和成才的组织活动。"高校学生工作旨在教育、管理和服务学生，为其提供良好的学习条件，丰富学生的校园生活。高校学生工作与学生思想政治教育紧密相连，体现了我国大学教育的意识形态要求和特殊性。

2. 高校学生工作的内容

根据教育部对高校学生工作的基本范围和领域的要求，本书将高校学生工作的内容分为六个方面，如表1-1所示。

表1-1　高校学生工作的基本内容

类别	内容
学生思想政治教育工作	爱国主义教育、意识形态教育、主题教育、网络思想教育等
学生稳定工作	学生危机干预、学生稳定工作、学生安全管理、学生宿舍管理等
学生事务工作	学生奖励、学生惩处、学生资助、学生贷款、学生就业服务等
学生组织工作	党团组织、学生会组织、学生社团活动、学生班集体建设、网络阵地建设等
学生咨询辅导工作	学习辅导、心理健康辅导、职业生涯辅导等
学生工作团队建设	学生工作者选、留、用等

从上述高校学生工作的基本内容来看，高校学生工作涉及学生在校期间学习以外的所有领域，是对学生全面的教育、管理和服务。

3. 高校学生工作的特点

（1）复杂性。学生工作的复杂性不仅体现在工作对象的复杂性，还体现在学生工作内容和过程的复杂性。学生工作的对象是学生和学生集体，学生和学生集体有许多共性，但学生个体的个性特点不同，变化迅速，导致工作对象的复杂性。

（2）创新性。学生工作的对象是学生，受社会环境的影响，学生之间有一定的差异，而且学生工作的内容和过程也是在不断变化的，学生工作的方法也会因社会的发展而呈现多样化的趋势。

（3）长期性。高校学生工作没有时间与空间的限制。

（4）实践性。学生工作与其他工作相比，有共性，也有很大的差异。学生工作具有高度的专业性，没有明确的规章可循。实践出真知，只有通过不断实践才能将学生工作做得更好。

（二）高校学生工作主体

1. 高校学生工作主体的定义

随着高等教育的发展，高校学生工作也面临着更复杂的形势，这就需要充分发挥高校学生工作主体的作用，以便更好地开展学生工作。研究高校学生工作的主体时，首先要了解其定义。

高校学生工作主体是指在高校运用特定的知识与技能而非单纯投入体力从事学生工作的组织及个人。高校学生工作主体是高校学生工作的发动者、承担者和执行者，它与高校学生工作客体相对应，是与高校学生工作客体相作用的主体。

2. 高校学生工作主体的类型

高校学生工作主体主要包含两类：一类是高校学生工作者，主要是承担、发动、组织、实施高校学生工作的个人，即个体施教者，如相关学校领导、学生工作相关部门工作人员、相关教师等。另一类是高校学生工作者群体或部门组织，主要是承担、发动、组织、实施高校学生工作的群体组织，即群体施教者，如学生处、心理健康教育中心、学生资助中心、就业指导中心等部门，如图 1-1 所示。

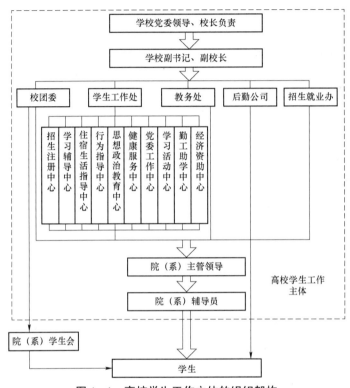

图1-1 高校学生工作主体的组织架构

高校学生工作主体在高校十分重要，是发展最快的群体之一。其不同于一般的工作者每天重复简单机械的操作，而是充分利用现代科技和知识提高工作效率，其自身也要具备较强的学习能力，能在学习实践的过程中总结并创造知识。学生工作者在高校中主要是指对学生进行专业化管理的专业人士，他们的工作对象是学生。要求他们必须具备一定的专业素养，学习并掌握一定的知识与技能，并在工作中运用现代科技提高工作效率。

3. 高校学生工作主体的特点

基于高校学生工作的复杂性、创新性、长期性和实践性的特点，高校学生工作的主体具有以下特点。

（1）自身具有主观能动性。其表现为高校学生工作主体的主动性、主导性、创造性。主动性，即能积极主动地开展高校学生工作；主导性，即开展高校学生工作过程中始终起到主导与支配的作用；创造性，即在高校学生工作中勇于探索、开拓创新，具备开拓精神与创新能力。

（2）工作兴趣具有长期稳定性。高校学生工作者的职责是规范、指导和服务高校学生。学生生活条件、知识水平、性格等存在很大的差异。随着年龄的增长，高校学生已经积累了一定的生活经验，他们的科学文化素养和抽象思维能力也有了一定的发展。为了更好地服务他们，高校学生工作者需要进行长期的培训和学习，而他们在长期的工作中也养成了持久的工作兴趣。

（3）具备高度的专业能力。这是高等教育培养高素质人才的必然需求。高校学生工作不同于其他工作，其具有很强的专业性，而高校学生的需求具有高层次性，高校学生工作者在工作中面对纷繁复杂的工作局面，要具有专业能力，从而胜任本职工作。

（4）对学生具有示范性作用。高校学生在由自然人向社会人过渡的过程中会遇到很多问题，他们的人生经历和社会经验远不足以解决这些问题，而高校学生工作者在这些方面则很有经验，他们在和学生的交往中起着示范作用。

（三）高校学生工作客体

1. 高校学生工作客体的定义

哲学意义上的客体，是指人类主观活动的对象，是与主体相对应的客观事物。客体在主体的对象性活动中被赋予其自身的基本特质，并反过来制约着主体活动。高校学生工作是面向学生的组织活动，是一种对象性活动。但高校学生工作客体与哲学意义上的客体有所不同，高校学生工作主体活动的对象是高校学生，而非哲学意义上的客观事物。其划分标准不是人与物的关系，而是人与人之间的关系。虽然高校学生工作客体与哲学意义上的客体有所不同，但哲学思想在研究高校学生工作客体中，仍有很重要的意义。

高校学生工作旨在规范、指导和服务学生。高校学生工作者围绕着高校学生开展学生工作，其工作对象是学生，而与之相对应的高校学生便是高校学生工作客体。

高校学生是高校学生工作的接受者和受动者，接受学生工作为其带来的教育影响，在与高校学生工作者的合作中提高自己的思想政治素养和心理素质。高校学生也在一定程度上制约着高校学生工作者的工作。作为有着健全思想的自然人，他们在社会化的过程中有着自己的选择，倾向于接受自身需要的教育影响。高校学生工作者在工作中必须考虑高校学生的需求，改善自己的主体活动，以便更好地指导、规范和服务高校学生。

2. 高校学生工作客体的类型

学生是高校学生工作的客体，根据学生的基本信息，按照性别、年级、专业、成绩、性格等不同维度，可以划分为很多种类型。同时，高校学生工作客体还指学生群体。如班集体、学生会、寝室等固定学生群体，以及学生社团、兴趣小组等非固定群体的各种学生组织。

3. 高校学生工作客体的特点

学生作为高校学生工作客体，具有显著的自身特点。

（1）客体性。表现为高校学生工作客体的受动性、受控性和可塑性。受动性是指高校学生工作客体——学生是高校学生工作主体的作用对象，必然要接受高校学生工作主体施加的教育及影响；受控性是指学生始终受到高校学生工作主体的主导、支配和调控；可塑性是指学生在学生工作的教育影响下，综合素质和能力按照高校的预设培养目标不断提高。

（2）社会性。高校学生工作的客体是自然人，自然人通过各种方式，学习社会知识、技能和规范，从而把社会规范、准则作为自己的行为标准，取得社会人资格的过程称为社会化。高校学生经历着社会化，具有社会化的特点。学生生活在一定的社会中，会受到社会的各种影响，学生之间也存在一定差异，他们的需求也有所不同。高校学生工作者需要了解学生工作对象的社会关系、社会背景和社会影响，了解他们在社会化过程中的需求，并结合自身的工作经验，更好地对学生施加教育影响，以完善自己的工作。

（3）主观能动性。这是自然人区别于物的特点。高校学生工作客体与哲学意义上的客体之所以有所不同，就在于前者是能按照自己的意愿思考和行动的人。他们有自主思考能力，有自己的想法、见解和实践能力，不会消极盲目地接受教育影响，而是能动地有选择地接受教育影响。高校学生能根据自己的需要主动接受高校学生工作带来的教育影响，并能动地参与进去。

（四）高校学生工作环境

1. 高校学生工作环境的定义

任何工作都要在一定的环境中进行，高校学生工作也是如此。高校学生工作环境，是对高校学生工作及高校学生工作客体施加教育影响的一切外部因素的总和。其不仅指客观存在的自然环境，还包括高校学生工作者在工作中有意创造的教育环境和氛围。高校学生工作者可以在做学生工作的过程中，依据自身工作的目标和学生的需求，改变或者创设相应的学生工作环境。

2. 高校学生工作环境的类型

（1）按照影响的远近，可以分为大环境与小环境。大环境主要是指对学生的思想行为产生根本的、决定性影响作用的社会政治、经济、文化环境，包括国际、国内政治、经济、文化对人的思想行为产生影响的环境，又可以称为国际大环境与国内大环境。小环境主要指学生直接接触的学习生活环境，对学生产生直接影响的环境或者局部环境，如寝室、班级等。

（2）按照真实与否，可以分为现实环境和虚拟环境。现实环境就是对学生产生影响的现实因素，如现实的学习环境、生活环境、人际关系环境等。虚拟环境是指伴随互联网的发展，出现的网络虚拟空间、虚拟社区。在虚拟环境中，学生以虚拟身份存在，其各种表现可能与现实环境中的表现大不相同。

（3）按照呈现形态，可以把其分为显性环境和隐性环境。显性环境主要包括高校外在的物质环境及自然环境，如高校建筑、植被等。人会不断地适应环境，高校学生生活在高校中，自然会受到校园环境的影响，良好的校园环境对高校学生身心健康大有裨益。隐性环境则主要体现在高校的校园文化方面。高校的校园文化营造了一种人文氛围，高校学生在这种氛围中生活与学习，也会在潜移默化中受到学校文化的熏陶，有利于其思想政治素养的提高及良好心理健康素质的培养。

（4）按照内容，可以将高校学生工作环境划分为政治环境、社会环境、经济环境及人际环境等。高校也是一个微型社会，在高校学生工作中，必须重视这些环境，以更好地开展学生工作。高校学生工作的环境对于高校学生工作有着重要的影响，其在无形中感染着高校学生，约束他们的行为，促进其社会化的进程。

3. 高校学生工作环境的特点

（1）多维性。高校学生工作的环境是由多种要素共同构成的，包括外在的学校环境和内在的学校文化等，这些要素相互影响、相互作用形成了高校学生工作的环境。因此不能简单地将其看作多重要素的机械组合，而应该以联系的观点认识其内涵。人的选择具有主观性，每个人对高校学生工作环境的认识也不尽相同，多种思想的交织，使其更呈现出多维性的特点。

（2）动态性。组成高校学生工作环境的各要素不是一成不变地存在着，而是会随着时间、政策的改变而衍生出新的内涵。不仅是学校的物质环境等显性环境会随着学校的发展而发生改变，学校文化等隐性环境也在高校的工作实践中被不断注入新的特质。高校学生工作者必须认识到这种特征，不断实践以适应高校学生工作环境的发展。

（3）可创设性。随着社会的进步，高校和高校学生也在不断发展，高校学生工作的环境可能会不适应现有的学生工作，高校可以对其进行相应的创设，以满足学生工作的需求。这要求高校学生工作者发挥其主观能动性，发挥高校学生工作环境的作用，以促进高校学生工作的开展。

（五）高校学生工作介体

1. 高校学生工作介体的定义

高校学生工作介体，是高校学生工作主体和客体相互联系、相互作用的中介因素，是高校学生工作主体作用于客体之上的工作内容和方法，是指导、规范和服务学生的一系列中间要素和环节的总和。

在高校学生工作的环境下，主体通过介体作用于客体。其中，高校学生工作的介体是高校学生工作主体和客体间相互联系、相互作用的介质和转化过渡环节。没有适当的介体，高校学生工作主体和客体便难以联系并发生作用。正是由于高校学生工作介体的存在，高校学生工作的主体才能了解高校学生工作客体的需求，并与其相互合作以满足他们的需要，达到他们的目的，以完成自身的工作。

2. 高校学生工作介体的类型

根据高校学生工作介体的含义，高校学生工作介体可分为内容资源、方法资源和载体资源三种类型。

(1) 内容资源。主要是指高校学生工作主体在工作中施加影响并作用于客体，体现出高校学生工作性质的一系列具体内容。包括学生思想政治教育、学生心理健康教育和学生就业指导等工作的知识，以及人生观、世界观、价值观、社会道德规范等内容。

(2) 方法资源。是指高校学生工作的主体与客体之间双向联系、合作的方式与手段，主要包括硬性方法和柔性方法。硬性方法是指高校制度规范规定的，高校学生工作的主体必须遵循的原则性方法；柔性方法是指高校学生工作的主体可以根据自身工作的需要，而使用的有一定灵活性的方法。

(3) 载体资源。是指高校学生工作的主体与客体之间相互联系的平台和渠道，主要包括高校组织、社团、文化活动、多媒体网络等。

3. 高校学生工作介体的特点

在实际工作中，高校学生工作主体也会用到一些介体，但这些介体不一定是高校学生工作的介体。高校学生工作介体具有显著的中介性。作为高校学生工作的介体，必须具备以下两个基本条件。首先，高校学生工作介体必须联系高校学生工作主体和客体，即高校学生工作主体必须借助这种介体与高校学生工作客体发生联系，并与之互动。其次，高校学生工作介体必须是高校学生工作主体为了满足高校学生的需求与目的而使用的方法和内容，即必须具有指向性，必须明确地为高校学生工作客体服务，这样才算是高校学生工作的介体。

高校学生工作介体是维系高校学生工作主体和客体的重要纽带。若要更好地发挥其作用，就要围绕高校学生工作的目标，发挥高校学生工作主体的积极作用，整合优化现有的学生工作内容、方法和载体资源，并开发出潜在的内容、方法和载体资源。对高校学生工作介体进行合理的开发和利用，这有助于简化高校学生工作，最大限度地发挥高校学生工作主体的能动性，通过合理高效的介体为高校学生施加更全面、更符合其需求的教育影响，从而更好地推动高校学生工作的开展。

(六) 高校学生工作的要素结构

1. 高校学生工作的要素结构模型

在研究高校学生工作的各个要素，包括主体、客体、环境、介体的基本内容和特点的基础上，通过进一步分析各个要素之间的关系，把握其在相互关系中的地位和作用。高校学生工作的要素结构模型如图1-2所示。

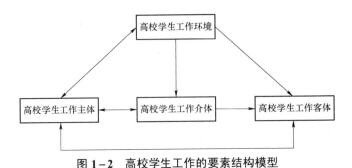

图1-2 高校学生工作的要素结构模型

2. 高校学生工作各要素之间的关系

（1）在高校学生工作各要素的相互关系中，高校学生工作主体起着主导作用。高校学生工作主体主导和支配着高校学生工作客体、环境、介体等要素，对各个要素相互关系的形成和发展起到决定性的作用。其主导作用体现在：通过认识学生工作客体的现状，确定工作方向与目的；通过选择学生工作的内容与方法，发挥工作介体的中间作用；通过加强对学生工作环境的开发与利用，为学生工作创造更好的条件。

（2）在高校学生工作各要素的相互关系中，高校学生工作客体即学生具有主动作用。学生是受教育者，具有主动性。高校学生工作日益强调"以人为本"的工作理念，在高校学生工作内容、方式的接受上，学生具有选择性。学生主动参与高校学生工作的程度，决定着高校学生工作运行的机制、方式、层次和水平。

（3）在高校学生工作各要素的相互关系中，高校学生工作环境起着条件作用。没有一定的环境和条件，高校学生工作无法进行。高校学生工作环境决定着高校学生工作的目标向现实成果转换的程度，同时，高校学生工作环境本身就具有教育学生的作用。

（4）在高校学生工作各要素的相互关系中，高校学生工作介体具有纽带作用。其围绕高校学生工作的目标，将高校学生工作主体、客体、环境相互连接，承担着传播、反馈、调节、执行的作用。

二、我国高校学生工作的特点

（一）目标取向的政治性

"培养什么样的人"的问题始终是我国高等教育需要回答的根本问题。我国基本的社会制度是社会主义制度，因此，我国教育制度的根本目标是培养社会主义事业合格的建设者和接班人，这个根本目标决定了我国各级教育系统、各种教育体系人才培养的根本方向。作为高等教育系统重要组成部分的高校学生工作体系其根本目标也在于此，这就决定了高校学生工作的出发点与立足点。

从历史沿革来看，若追溯到革命战争年代，无论是土地革命时期的红军大学、苏维埃大学和马克思共产主义大学，还是抗日战争时期抗日军政大学、陕北公学、延安大学等以及解放战争时期恢复和新建的华北大学、山东大学和白求恩医科学校等，政治性始终是人才培养工作的根本属性。中华人民共和国成立以来，无论是在新中国经济社会发展的哪个阶段，这个根本目标始终没有偏离，也将继续坚持下去。同时，就现实境遇而言，目前，我国经济社会正经历着前所未有的深刻变革，在这样的历史变革中，社会内部各种社会问题积聚，国外各种敌对势力仍虎视眈眈，社会上充斥着各种不同的价值观，弥漫着各种不同的思想倾向，这些无时无刻不在冲击着大学校园，干扰着正在成长中的当代高校学生。而我国的高校学生工作作为高校学生思想政治教育的重要渠道与阵地，其应始终坚守政治底线，使其不变味、不变色。因此，无论是基于历史沿革，还是从现实境遇出发，在目标取向上坚持正确的政治导向始终是我国高校学生工作的特点之一。

（二）价值取向的育人性

育人是高校学生工作的基本价值取向，其实质是通过高校学生工作的过程达到培养人、塑造人的目标。这一取向在我国高校学生工作的发展历程中始终予以贯之。育人是高等教育的基本功能之一，这本身无可非议，但事实上，在国外的高校学生工作（在西方国家通常称为"学生事务管理"）的发展史中，却存在着不同声音，如"契约论"，即将学生与学校的关系视为市场经济制度下人与人之间的契约关系，两者是关系对等的双方，契约就是连接两者的纽带；又如，将学生视为消费者的"消费者至上"论，提出高校学生工作的价值取向是为被视为消费者的学生提供各种消费服务等。

然而,从我国高校学生工作的历史沿革看,我国高校学生工作在价值取向上,始终把育人放在首位。从改革开放前把思想政治教育作为高校学生工作的唯一职责,到改革开放后加入了学生日常事务管理的管理职责,以及 21 世纪以来,赋予高校学生工作为学生提供各种成长发展指导的服务职能。虽然高校学生工作的内涵不断丰富,职能不断扩大,但无论是对学生开展教育、实施管理还是提供服务的过程,在价值取向上都落脚于育人,将价值观教育、道德教育、法治教育和心理健康教育等育人内容融入这三个过程之中。在学生工作中,对学生而言,除了思想政治教育工作能让其感知到学生工作带有明显的育人功能,学生的管理与服务也是对其进行教育的重要手段之一,提倡在管理中育人、在服务中育人,可以说,高校学生工作的管理与服务职能在高校学生工作中像两只"无形的手",发挥着育人的潜功能。也就是说,将高校学生工作育人这一价值取向蕴含于对学生的管理与服务过程中。

(三) 实施过程的任务性

我国高校学生工作的实施过程具有明显的任务取向,是自上而下性的,即各个学生工作主体通过逐层传导,将具体的工作以任务的形式传递到基层,最终面向学生开展各项工作。这种任务式自上而下的逐级传导性,既保证了各级高校能够及时领会、分解和落实党和国家针对高校学生思想政治教育的各种路线、方针和政策,同时使党和政府的各项优惠措施和资助政策能够及时且准确地惠及高校学生。

事实上,这种实施取向上的任务性既源自我国开展思想政治教育工作的军队传统,又受到中华人民共和国成立以来各种政治运动的影响。众所周知,我国的思想政治教育工作最早源自黄埔军校的政治指导员制度,高校学生工作源自土地革命时期的红军大学等,这就使我国高校学生工作体系在萌芽阶段就打上了军队烙印,在工作的实施取向上以任务的形式去开展针对学生的思想政治教育工作。中华人民共和国成立后,高校学生工作职责范围虽然有所扩大,但是这种任务式的工作实施方式一直沿用至今。目前,在高校中,无论是高校学生思想政治教育,还是日常事务管理以及各种成长发展服务,绝大多数都是以一种任务的形式实施,且对于高校学生而言,校方针对其开展的思想政治教育和日常管理,甚至是成长发展服务,都隐含着一种自上而下的强制力,比如统一上就业指导课、统一开展某一主题的团组织生活等。

(四)工作对象的全体性

所谓全体性,即我国高校学生工作面向全体高校学生,涵盖中国籍全日制在校的每个高校学生。也就是说,所有中国籍高校学生,无论其性别、民族、生源地、家庭背景及身体状况等方面的差异如何,其在接受高等教育的过程中,均成为高校学生工作系统开展思想政治教育、日常管理与服务的对象。

全体性源自我国军队思想政治工作的传统。这种传统在中华人民共和国成立后一直沿用到高等学府的学生思政工作和管理工作中。从其目标取向而言,这种全体性旨在将每个高校学生培养成为社会主义事业的合格建设者和接班人。从价值取向而言,体现了育人工作,特别是思政工作的全覆盖。这一渊源在现今高校学生工作中就表现为工作对象的全体性。比如,从新生军训、开学典礼或开学第一课,所有新生必须参加,到上学期间必须全体住校,统一管理,再到毕业时,政审、体检、派遣等均涵盖所有学生,这些都体现了我国高校学生工作在工作对象范围上覆盖了所有高校学生。

从教育功能的实现而言,我国高校学生工作的全体性首先保证了我国高等教育的办学宗旨与目标能够贯彻并内化于每个接受高等教育的个体;从管理职责的实现而言,全体性保证了我国高校学生工作体系的管理对象全覆盖的合法化,保证了高等教育的规则与纪律对全体高校学生具有规范与约束作用,既便于统一管理,又有利于保证全体学生在校期间的人身安全;从服务功能的实现而言,全体性保证了高校学生工作系统可以将国家针对高校学生的优惠政策以及高校为学生提供的各种服务性措施传递并惠及所有高校学生,保证每个高校学生都能共享我国经济社会发展给高等教育系统带来的红利。

(五)工作方式的经验性

所谓经验性,即与西方国家的高校学生事务管理或高校社会工作相比,我国高校学生工作的工作方式并非基于某种理论模型或理性的专业程序,而植根于工作人员在实践中的经验总结。同时,在学习方式上,也并非通过系统的专业教育与培训，而是通过个体之间的"传帮带"的形式实现。

这种经验性的表征体现了我国高校学生工作实践渊源来自残酷革命斗争年代的革命实践。大批的军队政工干部在战争实践中总结摸索出了大量关于部队思政工作的工作方法与形式。这些方法与形式一旦在实践中有很好的效果，就会作为一种经验，在更大范围内予以推广。比如，榜样示范法、批评与自我批评法、文艺作品激励法等。同时，在学习方式上，经验丰富的工作者对新手进行"传帮带"，也是我国思政工作军队传统的一种具体体现。因此，在中华人民共和国成立后，这种经验性的工作方法与形式就在高校的学生工作，特别是思政工作中予以继承与推广，并一直延续至今。我国高校学生工作的经验性不但是一种历史传统的传承，更是一种适应学生工作目标取向政治性的需要。经验性的工作特点体现在高校学生工作的方方面面。比如，与学生谈心的作用主要取决于学生工作者个人的工作年限、个人素质等；组织活动的效果主要取决于学生工作者的工作投入程度或是否善于思考与创新；学生事务管理的水平则取决于学生工作者的工作态度与责任心等；而更高层次的成长发展指导则取决于学生工作者的个人生活工作阅历或是人格魅力等。

（六）问题归因的偏差性

对学生产生行为偏差、违纪违规等问题的归因是如何去解决与应对的基础和前提。在我国高校学生工作的构架中，归因取向的问题性是其一直沿用的归因方式。即将出现行为偏差、违纪违规的学生视为一个"有问题的人"，需要对"有问题的人"在思想道德上予以教育，在心理行为上予以纠正。在这种归因取向中，工作主体与工作对象的关系自然而然呈现出一种上下级的教育关系，两者之间的对话过程自然而然地就成为一种主体对客体单向的道德灌输、思想灌输和纪律灌输的过程。

就本质而言，"问题性"是对高校学生心理、思想与行为偏差归因的一种建构方式。在这种建构方式下，当高校学生一旦出现思想与行为偏差就会被贴上"有问题的人"的标签。而就历史沿革而言，归因取向的问题性源自我国高校思想政治教育工作的军队印记和政治传统，源自政治指导员对阶级立场及纪律意识等出现"思想问题"的高校学生进行的教育与纠正。显然，这样的归因取向在战争年代的部队中无可厚非,因为部队的战斗力需要思想上高度统一的战士和指挥员作为保障。而在中华人民共和国成立以后的一段时间内,由于高校学生工作的高政治化倾向,这种问题归因取向也一直被沿用。

第二节 高校学生工作能力的概念内涵及结构模型

一、高校学生工作能力的概念及维度划分

(一)高校学生工作能力的概念

上海辞书出版社 2010 年 8 月出版的第 1 版《辞海》(后文如无特殊说明,均为此版本)对能力的定义是:成功地完成某种活动所必需的个性心理特征。任何特定活动的完成都需要一定的主观条件,这些主观条件的组合,就是能力。能力只有在一定活动中才能得到体现和发展。

近年来,随着我国高等教育的不断发展,高校的招生规模不断扩大,高校的办学宗旨也有所变化。高校也承担着除教学工作外的更多责任,如丰富高校学生的校园生活、促使其成长成才等,高校教学工作已经不能满足这些需求。在此情况下,高校学生工作的职业角色不仅仅是教育者,也是管理者和领导者。高校学生工作对高校学生灌输价值观和理念,施加教育影响,以实现其教育者的角色;在日常工作中对高校学生进行引导与管理,以实现其管理者的角色;同时对高校学生工作的组织活动进行规划和决策,以实现其领导者的角色;然而高校在充当这些角色的过程中需要具备一定的主观条件,这些条件组合起来即是高校学生工作的能力。

本书将高校学生工作能力界定为:高校学生工作主体基于自身定位的需要,旨在教育、管理和服务学生的过程中,为完成自身工作而必须具备的主观条件,是提高高校学生工作的实效性与针对性、增强其感染力与吸引力的综合体现。

(二)高校学生工作能力的主体

高校学生工作能力的主体即为高校学生工作主体,主要包含两类:一类是高

校学生工作者，即个体施教者，如相关学校领导、学生工作相关部门工作人员、相关教师等。另一类是高校学生工作者群体，或是部门组织，即群体施教者，如高校学生处、心理健康教育中心、学生宿舍管理中心、学生资助中心、学生就业指导服务中心等机构。

基于能力主体的分类，高校学生工作能力分为高校学生工作者个体能力和高校学生工作组织能力。高校学生工作组织能力由组织内的每位高校学生工作者的个体能力组合而成。

（三）高校学生工作能力研究的意义

第一，高校学生工作能力的提升是高等教育大众化发展和大学职能扩展的客观要求和历史产物。大学不再只是社会的"象牙塔"，而逐渐成为社会的"抽芯机构"，随着大学的职能从人才培养拓宽到科学研究和服务社会，大学教师很快就由以学生为中心，教书与育人并重，转向以个人学术为中心，无暇顾及学生的日常教育和管理。如此一来，教书与育人的矛盾日益冲突，学术事务与学生事务的分离以及学生工作的职业化和专业化就成为历史发展的必然选择。

第二，加强高校学生工作能力研究是改善高校学生思想政治素质的迫切需要。高校学生工作要能够出色地完成党和国家托付的人才培养的历史重任，就要顺应时代发展的要求，准确把握高校学生的成长规律，不断丰富自身的理论素养、提高自身的教育技能、创新自身的方法手段，以专业的工作水平和理论素养，引导高校学生健康向上，成为高校学生成长成才的引路人、航标灯。

第三，高校学生工作能力的提升是高质量本科教育的有效保证。当前，在我国高校本科人才的培养模式中，教学、科研和学生工作是人才培养质量保障体系的三根支柱，只有形成稳固的三足鼎立局面，人才培养的质量才能得到保证。作为高校，在创新人才培养过程中，除了要努力发展人的智力和能力，还应该更多地注重对他们非智力因素的培养。在这种情况下，高校学生工作的价值越来越得到重视，迫切需要建立一支职业化、专业化的高校学生工作队伍。

提升高校学生工作能力，有助于提高高校办学质量和管理水平，促使高校更好地为学生成长成才服务，进而有利于我国高等教育的发展，为我国现代化建设输送大量高素质人才，提高我国综合国力。

二、高校学生工作能力各维度内涵解析

本书将高校学生工作能力分为职业化能力、专业化能力和知识化能力三个维度，由此进行检证分析，以了解不同维度下高校学生工作能力的差异情况，进而作为提升高校学生工作能力的参考。

（一）高校学生工作的职业化能力

1. 职业

《辞海》中，职业的定义为：一是人们所从事，赖以谋生的工作性质、内容和方式；二是依人们参加社会劳动的性质和形式而划分的社会劳动集团。职业对于个人，具有维持生活、参与社会活动、发挥才能的作用；对于社会，具有实现社会控制、维持社会运转、为社会创造财富的功能。

美国社会学家赛尔兹认为，职业是一个人为了不断取得个人收入而连续从事的具有市场价值的特殊活动，这种活动决定着从业人员的社会地位。美国著名哲学家、教育家杜威认为，职业是"人们从中可以得到利益的一种生活活动"。《现代汉语词典》的解释是：个人在社会中所从事的作为主要生活来源的工作。《中国大百科全书》的解释是：职业是随着社会分工而出现的，并随着社会分工的稳定发展而构成人们赖以生存的不同的工作方式。

综上所述，本书将职业定义为：人们从事相对稳定的、有收入的、专门类别的工作，它是对人们的生活方式、行为模式、思想情感、经济状况、文化水平的综合性反映，也是一个人的权利与义务，是一个人社会地位的一般性表征。

2. 职业化

在《辞海》中，"化"表示转变成某种性质或状态，既包含性质的转变，也包含过程的转变。职业化的观念，就其本义来讲，是指某一普通工种逐步成为某一社会群体的主要谋生手段的过程。就其引申意义而言，就是知识或技能的逐步专业化、职业精神和道德的逐步养成等。此外，职业化还可以从两个角度去理解：一是从职业生涯的角度，即从事这个行业、这份工作，是作为终身职业来对待；二是从职业的壁垒和标准的角度，即从事这个行业要有一定标准和要求。职业化程度是衡量一个行业成熟度的重要标志。

综上所述，本书将"职业化"定义为：普通的非专业性职业群体逐渐符合专业标准，成为专业性职业并获得相应的专业地位的动态过程。社会群体或个体的职业化是指为达到从事的职业要求或标准所应具备的素质并追求成为优秀职业人的历程。

职业具备目的性、社会性、稳定性、规范性、群体性等特征，而职业化可以从职业生涯的角度去理解，即从事这个行业、这份工作，是将其作为终身事业。一般具备三个要素：专业化人员和专门职责、健全的职业组织体系、良好的职业环境。因而，职业化包含以下几个层次的含义：首先，从业人员可以以此立足社会，终身从事该事业；其次，从业人员应该体现出一种职业素养，而不是仅凭个人兴趣自行其是，应该掌握相当程度的专业技能；最后，有本行业特定的行为规范或行为标准，从业人员做事要符合该行为规范或行为标准的要求。

3. 高校学生工作的职业化能力

高校学生工作如今得到了巨大的发展，其在发展的过程中逐渐具备了社会性、稳定性、群体性、目的性等社会职业的特征，并日趋成为一种成熟规范的社会职业。高校学生工作职业素养以及职业程度的不断提高，有效地促进了高校学生工作的职业化进程，高校学生工作和其他社会工作一样，在职业化进程中必须具备一定的职业化能力，这是社会发展的必然要求，也是其职业自身的内在需求。高校学生工作的职业化能力，即高校学生工作在职业素养和职业程度不断提高、形成职业的过程中表现出的主观条件。

4. 高校学生工作职业化能力的构成

基于上述研究，学生工作职业化需要具备三个要素：专业化人员和专门职责、健全的职业组织体系、良好的职业环境。本书将高校学生工作职业化能力分解为战略管理能力、组织架构能力和规范评价能力。

（1）战略管理能力是高校为了其长期、稳定的发展，充分考虑高校学生工作的外部环境和内部环境，确定出高校的战略目标，并利用高校学生工作的介体促进目标的落实和实现，以及在实施的过程中对其进行评估与控制的过程。战略规划具有长远性、纲领性和全局性的特征。战略管理能力包括主观能力和客观能力，前者以人为核心，体现为各种具体职能，以及规划装备和数据分析方法等技术因素。后者着重强调规划的适用范围、相关的外部制度和要求等。提升高校战略管理能力帮助高校在发展的过程中做出最好的选择，从而优化资源配置，提升高校的核心竞争力，以实现高校的跨越式发展。

（2）组织架构能力是指一个组织整体的结构，高校学生工作的组织架构就是基于整体基础之上的组织架构。高校通过对其进行合理化建设，以完成特定目标，从而提升高校学生工作的职业化能力。合理的组织框架能有效地提高高校学生工作绩效，更有效率地完成特定目标。对组织架构进行优化必须以稳定性为前提，合理分工，根据岗位培养人才，并为其提供发展空间。增强组织架构能力是促进高校学生工作的职业化能力提升的必然要求。为提升组织架构能力，各部门应加强合作，利用先进的科学技术，增进信息传播的速度；高校学生工作者应发挥主观能动性，不断学习、实践，提高自身能力，并加强与学生的交流，以提高自己的工作绩效。

（3）规范评价能力是指人的价值判断力，就是人在思考和认知过程中对客观事物做出价值评定的能力。评价主要包括量化评价和质性评价，评价容易受到主观思想的影响。高校学生工作的规范评价能力是指遵循一定的社会规范和规章制度要求，对现实学生工作做出客观公正的价值评定，并判断其价值高低的主观条件。规范评价能力能检验出战略管理能力和组织架构能力是否合理，从而为高校提供可行性分析，提高高校决策的科学性、合理性；规范评价能力遵循规范制度，使高校学生工作更为规范。

（二）高校学生工作的专业化能力

1. 专业

《辞海》中，专业的定义为：一是在教育上，指高校或中等专业学校根据社会专业分工的需要设立的学业类别。各专业的教学计划，体现本专业的培养目标和要求。二是产业部门中根据产品生产的不同过程而分成的各业务部分，如专业分工、专业生产。三是专门从事某项职业。

2. 专业化

专业化是一个社会学的概念，是指某个职业经过一段时间的不断成熟，逐渐符合专业的标准，成为专门的职业并获得相应的专业地位，是一个动态过程。我国有学者认为，专业化具有过程性、渐进性、受约性和程度性的特点。还有学者认为，专业化是指某种职业，从普通的职业发展成为专门的职业的建设过程。其要求从事该专业的人必须接受专业的培训，专门从事该专业并将其作为一种追求，不断提高专业水平。

3. 高校学生工作的专业化能力

专业化源于职业化，是职业化发展和分化的产物。随着改革开放和市场经济的发展，社会职业面临着更为复杂的形势，这要求其不断改进自身的缺陷以适应社会的发展。在此形势下，进入专业领域的职业日益增多，专业化越发成为社会职业发展的重要趋势，高校学生工作作为一种社会职业亦是如此。

高校学生工作的专业化是其职业群体不断提高专业素养，以达到一定标准，形成职业并获取相应专业地位的动态过程。高校在此过程中必须具备的主观条件的组合，构成了高校学生工作专业化能力。

4. 高校学生工作专业化能力的构成

基于学生工作专业化的标准：有接受过专业教育和训练的相对稳定的专业队伍，其成员具有在本专业领域进行研究的能力；有专业知识的支持；有专业的声誉等。本书将高校学生工作专业化能力分解为三方面，在传统的理论研究能力、组织学习能力的基础上，加入知识创新能力，作为专业化能力的结果与重要维度之一。

（1）理论研究能力。高校学生工作的开展也需要理论的支持，其必须具备一定的理论研究能力。哲学中的理论，是指对实践中获取的经验和知识进行总结所形成的知识体系。实践是理论的基础，科学的理论对实践具有指导作用，理论也在实践中得到检验，并获得发展。理论研究能力的提升能加强人们对世界的认识，为人们改造世界提供智力支持；有利于增强人们的逻辑思维能力，为其提供科学的思维方式；有利于提高人们的学习能力，帮助其树立科学的价值观。理论研究能力对高校学生工作的开展有重要意义，但理论离开了实践，就是无源之水、无本之木。提升理论研究能力必须坚持理论结合实际，深入实践，实事求是。

（2）组织学习能力。对于高校学生工作来说，组织学习是高校为了实现组织目标，提高专业化能力，以信息、知识和技能为中心开展的各种活动，通过这些活动对自身进行改变和重组以适应不断发展的高校学生工作介体。组织学习能力的提升有利于高校在学生工作中更好地利用各种信息和知识，提高高校学生工作的效率，促进知识管理能力的提升，推动高校学生工作的专业化进程，对高校学生工作的发展有着重要的作用。为提升组织学习能力，必须不断学习各种知识技能，坚持实践，不断创新，增强应变能力，以应对高校学生工作持续发展变化的趋势。

（3）知识创新能力。知识创新能力是在知识创造和获取的基础上，追求新的发展，并应用于相关领域的过程，其包括知识的产生、传播和使用。当今社会是信息社会，信息的传播速度达到了前所未有的水平，知识也得到了极大扩展，信息和知识日趋成为重要的生产要素。高校作为知识的聚集地和输出地，对知识创新能力的要求越发迫切。知识创新能力的提升有利于高校简单有效地获取知识、利用知识；其结构更加合理，也有利于对学生工作进行科学指导，为其提供强大的智力支持。

（三）高校学生工作的知识化能力

1. 知识

《辞海》中，知识的定义为：人类认识的成果或结晶。在《现代汉语词典》中，将知识界定为：人们在社会实践中所获得的认识和经验的总和。就本质而言，知识属于认识的范畴。在《知识管理的国家标准》中，将知识定义为：通过学习、实践或探索所获得的认识、判断或技能。

2. 高校学生工作的知识化能力

高校学生工作的知识化，是指高校运用特定的知识与技能来提升高校学生工作水平的过程。

过去，教学内容大都由教育课程的学者专家提供教学内容与教育进度，对教学内容的积极面与消极面都有事先的研究；而在高校学生工作知识化的今天，我们获得了大量的信息资源，同时也带来了困惑和问题，例如，信息的正确性、信息的品质、信息的管理等，都对高校学生工作的知识化提出了更高的要求。过去，主要的教学媒体包括黑板、粉笔、标本、摄像机、照相机、挂图、书本等；现在，教学媒体的内容更加丰富，包括 PPT、E-mail、iPad 等。过去，教师是知识的传授者，而学生是知识的接受者，教师的角色具有权威性及不可挑战性。过去，学生是被动的学习者，教师教什么，学生就学什么，但是，在高校学生工作知识化的要求下，教师角色充满被挑战的机会。教师和学生获得知识可能在同一时间，甚至学生在教师之前获得，此时，教师的权威将受到质疑。在高校学生工作知识化的形势下，教师的地位将不再是神圣不可侵犯的，教师的定位应调整为知识的介绍者和学习的引导者。

高校学生工作的知识化能力，就是高校运用特定的知识与技术相结合来提升高校学生工作水平的能力。高校学生工作的知识化能力运用大量新媒体、新技术，有利于提高学生工作职业化和专业化的工作水平。同时，高校学生工作职业化能力和专业化能力的提升为知识化能力提供了很好的工作框架与工作氛围，有助于高校学生工作知识化能力的增强。

3. 高校学生工作知识化能力的构成

基于前文对高校学生工作知识化能力的界定，本书将高校学生工作知识化能力分解为三方面，包括高校学生工作的知识库构建能力、高校学生工作知识协同能力和高校学生工作智能决策能力。

（1）高校学生工作知识库构建能力。高校学生工作的知识库，可以称为学生工作的"图书馆"，是学生工作相关知识的储藏地。知识库内部，储存了高校学生工作相关的文件制度、学生特点分析、学生活动组织流程方案等学生工作相关的知识。通过知识库的组建，首先，有助于加快知识和信息的流动，有助于知识共享和交流。在高校学生工作中，知识和信息实现了有序化，学生工作者在寻找和利用自己所需要的知识时会大大缩短相应时间，因而也就加快了知识的流动速度。其次，还有利于实现各个学生工作组织之间的协作和沟通。知识库可以将学生工作者在工作中解决的难题或者更好的问题处理方法，通过及时地总结整理成为经典案例，方便其他学生工作组织或人员学习与分享。此外，学生工作中有很多复杂的、需要按照流程去做的事情，一些工作时间较久的学生工作者会掌握大量宝贵的信息，如果发生人员调动，这些重要信息和知识就会随之消失。因此，知识库的一项重要内容就是将相关流程与方法的信息进行保存，以便于新员工能够尽快适应工作岗位。

（2）高校学生工作知识协同能力。高校学生工作知识协同，通俗理解就是在最恰当的时间将最需要的学生工作知识传送给最需要的人。高校学生工作面临"信息孤岛""应用孤岛"和"资源孤岛"，以及各类非结构化信息、零散知识的管理挑战，如何跨越时间、空间的限制，将所有的学生工作知识碎片集成整合，进而适合高校学生工作的发展和具体工作开展的需要。通过组建高校学生工作知识协同平台，可以丰富学生工作者知识查找的便捷性。通过访问学生工作知识协同平台，可以获取最新、最热的知识库内容，并可以通过权限分配与部门定位访问领域内的高校学生工作知识专家，以及知识社区中关于某类知识的最新、最热探究，丰富工作人员在知识内容查找中的通道。同时，能够促进学生工作跨部门的知识共享。通过知识协同平台的展示，能够对跨部门的知识共享起到促进作用，学生工作内的知识能够在各个部门之间顺畅流通。此外，还能为高校学生工作的知识传递与知识创造营造一个良好的环境，促进高校学生工作知识的创新。

（3）高校学生工作智能决策能力。通过对高校学生工作中的知识挖掘与整合，一方面为师生提供智能化的问答服务，另一方面面对学生工作中的突发事件、复杂情况或重大问题时，能够全面综合各方面的信息，借助已有的学生工作知识及类似案例，由学生工作的资深专家或专家组综合考量后，进行相应决策。依靠学生工作专家系统，使专家系统成为学生工作的智库与专家的汇集地。

学生工作的专家就是依赖自己精通的技能解决具有疑难和复杂特征的学生工作中的问题，并能够针对该问题根据经验和判断得出解决方案的人。一是会从知识的角度发现高校学生工作组织内掌握核心的相关知识和智慧的工作人员，利用专家系统对其予以认可和激励，激发其主观能动性；二是展现不同学生工作部门的经验智慧和管理水平。外在体现是所在部门专业人士出现得越多，证明该部门的管理和工作水平越高；三是深入挖掘学生工作专家隐性知识资产，对专家所具备的学生工作专业知识进行有针对性的挖掘和显性化，一方面沉淀学生工作的知识资产，形成富有价值的知识财富，另一方面避免因为知识垄断而造成的学生工作效率低下问题；四是学生工作专家的示范效应促进整体成长。理论上任何一个人都会有精通于特定领域的专业能力，在某方面拥有自己独特的专长。通过构建专家系统，对学生工作者进行多层面的激励和认可，形成人人争当专家、人人贡献智慧的局面；五是促进学生工作快速正确的决策。专家的经验和作用反应在解决专业领域的疑难问题方面，依赖经验和专家理念的判断往往比新手的盲目判断要准确得多，因此，专家系统的建立有利于提升学生工作整体解决问题的能力、效率、决策准确性。

（四）高校学生工作的能力模型

1. 高校学生工作能力的划分

综合以上研究，高校学生工作能力从三个维度划分，即职业化能力、专业化能力和知识化能力，其模型如图1-3所示。

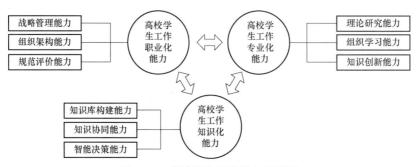

图1-3 高校学生工作能力的模型

2. 高校学生工作能力各子能力间关系解析

（1）高校学生工作职业化能力与学生工作专业化能力之间有着密切的联系。职业化的基础是专业化，体现在职业化的学生工作人才首先要是专业化的人才，学生工作专业化是学生工作职业化的基本要求，学生工作职业化是学生工作专业化的根本目标。

同时，学生工作职业化和学生工作专业化也存在着一定的差别。学生工作专业化是社会分工的需要产生的技能，更多的是指我们拥有的行业所需要的特色技能。学生工作专业化的人才不仅要求知识的储备，更要求经验的积累和能力的提升。学生工作职业化是一种学生工作状态的标准化、规范化、制度化。即在适合的时间、适合的地点，用适合的方式，说适合的话，做适合的事。学生工作职业化是在专业化的基础上，体现的一种职业精神，更多的是指一种素质，一种把我们的专业化最大限度地转化为成果和业绩的能力和素质。专业化是职业化的内在动力和基础保障。

（2）高校学生工作职业化能力为整体学生工作提供了方向性的引导和框架性的支持，在整个学生工作模型中起到目标和框架作用。高校学生工作是一项专业性、科学性很强的工作，必须对学生工作队伍提出明确的专业要求，使他们具备合理的知识结构和相应的工作能力，这样才能逐步实现职业化发展。因此，其中的战略管理能力，是学生工作能力的发展方向和目标。组织架构能力，为学生工作提供"骨架"，是整体模型的体制体现。规范评价能力，为学生工作的职业化提供可操作的条例与办法，是整体模型的机制体现。

（3）高校学生工作专业化能力为整体学生工作提供了核心的人员和知识，并在此之上形成创新，是整体学生工作能力的"内驱力"。高校学生工作专业化要求高校学生工作者具备相关的专业知识和理论素养，立足于人员内在素质的深层管理。因此，高校学生工作通过增强其理论研究能力，就学生工作的热点问题、现实问题开展深入的研究与探索；通过增强其组织学习能力，采用更多的团队学习、合作研究的方式，增强学习效果；通过增强其知识创新能力，在学生工作内容创新、方法创新等方面积极探索，推动高校学生工作内涵式发展。

（4）高校学生工作知识化能力是整体学生工作能力的外在实现，提供技术支持。如果说高校学生工作的职业化能力和专业化能力，是从管理的维度提出的，那么，高校学生工作的知识化能力，就是从技术的角度提出的。高校学生工作知识化能力就是通过使用各种现代化的技术，将高校学生工作的职业化能力与专业化能力的管理思想、管理手段通过新技术加以实现。

本章是对高校学生工作进行概述，主要包含高校的发展历程，高校学生工作含义、工作能力内涵等方面。经过长时间的发展、变革，高校学生工作在各高校已经占据了重要地位，后文将详细叙述高校学生工作现状及存在的问题。

第二章

高校学生工作现状及问题分析

第一节　中国高校学生工作现状

一、中国高校学生工作组织架构状况分析

高校学生工作的实际运行离不开一定的组织载体,这些组织载体的相互关系构成了高校学生工作的组织架构。总的来看,当前我国绝大多数高校的学生工作组织架构具有相对统一的特征,即党委领导、党政共管下的"条块结合、以条为主"的直线职能制,具体如图2-1所示。

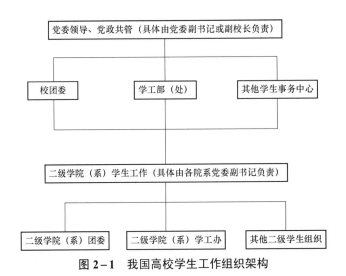

图2-1　我国高校学生工作组织架构

（一）学校层面

我国高校学生工作组织架构的最顶层是党委领导下的校党委和行政系统的共同管理。1996 年，中共中央颁发的《中国共产党普通高等学校基层组织工作条例》中明确高校实施"党委领导下的校长负责制"。即校长对党委负责，党委负责学校的改革、发展等各项决策，校长具体执行党委决策并负责开展行政工作。具体到中国高校学生工作的现实情况来看，在这一层级，往往是由一位校党委副书记或行政副校长具体分管全校学生工作，中层学生工作部门需要对其负责，向其汇报工作。党政合一，即党委领导下的校长负责制。在党政领导下的学生工作部门（学生工作部/处）负责学生工作的宏观管理，教务处负责日常教学活动及学生学籍管理，团委负责学生课外活动，后勤相关部门负责学生生活管理，就业指导中心负责学生的就业创业管理。

（二）职能部门层面

位于我国高校学生工作组织架构中层的，是高校党委领导、党政高层共管下的，负责管理学生工作的校级部门。其中较为重要的部门是学生工作部（处）（简称为学工部或学工处）与校团委。这里的学生工作部与学生工作处的区别在于：前者隶属于学校党委，后者则属于学校的行政机构。从中国高校的现实来看，学生工作部与学生工作处往往合署办公，即采取部处合一的形式，实则是"两块牌子一套班子"。学生工作部（处）作为中层管理部门，主要负责学生的思想政治教育和日常管理工作，包括研究制定并落实学生事务管理的各项规章制度、对学生实施校纪校规和安全教育、惩罚学生的违纪违规行为、对全校学生开展思想教育、开展各类评奖评优活动、开展招生宣传、管理学生学籍和档案、开展辅导员队伍建设等工作。而校团委则是中国共产主义青年团在高校的基层组织，在校党委领导下，主要负责开展团员教育管理活动，组织校园文体活动、社团管理活动、社会实践与志愿服务活动等。一般而言，高校团委部门设有专职教师，并在其内部按不同职能设置工作机构，如组织部、宣传部、社会实践部等。除学工部（处）、校团委外，心理咨询中心、就业指导中心、勤工助学管理中心、后勤保障中心等也属于学生事务管理部门，这些部门往往需要和学工部（处）、校团委协同开展工作。

（三）院系层面

位于我国高校学生工作组织架构最基层的，是高校各二级学院（系）根据校级管理机构（即"条"层面）设置的学生工作办公室（简称学工办）。事实上，各二级学院（系）开展的学生工作，才是我国高校学生工作的重心所在。各二级学院（系）学工办往往是由专职学生辅导员组成的，由二级学院（系）党委副书记领导。各二级学院（系）学工办要根据本院（系）专业特色、学生特点，制定更为具体的学生管理制度，并接受校级学生工作管理部门与本院（系）党政的双重领导。

此外，根据校级团委的设置，我国高校各二级学院（系）也相应设置院（系）团委，接受校团委的业务指导，并根据本院（系）专业设置、学生数量设立基层团支部，根据上级团委和学校党委的工作要求，组织开展各项活动。需要特别指出的是，在二级学院（系）的学生工作中，无论是学工办还是院（系）团委的工作，往往是由学生辅导员落实开展的。可以说，我国的学生辅导员是直接接触学生的最基层管理者，辅导员队伍对高校学生成长、发展的影响是最为直接的。

从上面可以看出，我国高校学生工作的组织架构呈现出鲜明的条块结合特征。从纵向看，我国高校学生工作的组织机构是在党委领导、党政共管的前提下，按校、院（系）两级设置并运行的。从横向看，校、院（系）两级学生工作均设有"块状"管理机构，在校级是学工部（处）、校团委以及其他学生事务中心；在学院（系）级是学工办、院（系）团委等。还需指出，我国高校学生工作在校、院（系）两级的"块状"机构并非各自为战，而是常常需要协同工作，并同时接受本级党政系统及上级管理部门领导。可以说，我国高校学生工作的组织架构，一方面具有较强的整体协调性，这符合我国"为党和国家培养德、智、体、美全面发展的社会主义合格建设者和可靠接班人"的高等教育目标；另一方面，我国高校学生工作的"块状"机构设置也基本吻合学生工作"教育—管理—服务"的职能定位。

二、当代高校学生的成长环境和群体特征

社会环境对高校学生工作会产生不同的影响。当代中国正处于发展期、变革期，社会主义市场经济体制得以确立并不断深化，当代高校学生在环境变化过程中也展示出自身的特点，高校也不断吸取世界一流大学先进的办学理念与办学实践经验，我国也正向世界教育大国的方向大步迈进。学生工作作为促进与保障学生学习，学生世界观、人生观、价值观形成的重要保障，也面临着变革的需要。下面试从三个方面对当前学生工作的影响因素加以分析。

（一）当代高校学生成长的社会环境

我国在改革开放之前，仿照苏联模式，在吸取民主根据地管理经济经验的基础上形成了计划经济体制。但在经济发展过程中，这种高度集中的计划经济体制暴露出很多弊端与局限。

随着社会发展的不断深入，1992年10月，党和国家确立了社会主义市场经济体制。不同于传统计划经济体制，社会主义市场经济体制具有以下特征：一是经济关系市场化，市场成为资源配置的决定性力量。在社会主义市场经济体制下，市场机制是推动生产要素流动、促进资源优化配置的基本机制，经济运行直接或间接地处于市场关系之中。二是企业行为主体化。在社会主义市场经济条件下，一切合法成立、经营的企业都成为市场经济主体，具有开展生产、经营活动所应有的权利。三是宏观调控间接化。企业的生产、经营等具体事务不再受到来自政府部门的直接干预，政府主要通过财政政策和货币政策调节经济运行，规范企业生产、经营活动。四是市场管理法治化。任何企业的生产、经营活动都必须遵照一定的法律法规，经济整体运行以健全的法律法规为基础保障，市场竞争激烈而有秩序，竞争手段规范而公平。

与之相反，我国高校学生工作体制最早是按计划经济体制要求形成并发展起来的，其最主要的特征是"条块分割"，主要弊端是低水平重复设置各种学生工作部门，建设硬件设施，教育资源不能优化配置和充分整合利用，从而影响了学生工作的顺利开展。

作为高校学生工作的主体，高校学生面临着复杂的国际国内环境。当代高校

学生成才的经济、政治、文化环境发生着剧烈的变革。从国际上看，首先，世界经济全球化、一体化的浪潮汹涌澎湃。所谓经济全球化，是指在第三次科技革命与生产国际化浪潮的推动下，世界各国之间的经济依赖程度日益加深，各国生产、流通、分配等领域紧密联系，向一体化方向发展的历史过程。正是这种趋势，给当代高校学生带来了前所未有的良好成才环境与机遇，能够有效地激发当代高校学生的竞争意识，培养他们的竞技能力和适应能力。其次，世界政治多极化趋势发展。多极化是经济全球化时代各国相互依存及发展的多样性的必然要求。随着世界局势渐趋稳定，各国在信息技术革命中获得迅猛发展，特别是欧盟、日本、中国、印度、俄罗斯、巴西等国家和地区经济实力不断增强。在国际政治舞台上，这些国家和地区成了不可忽视、举足轻重的一极，推动着世界政治格局朝着多极化方向发展。在这种格局下，当代高校学生将会有更充分的发展时间和空间，面临更多的机遇，有助于高校学生树立世界意识和开放意识，更好地为践行中国的科教兴国战略和人才强国战略服务。最后，在综合国力的竞争下，越来越多的国家和地区把提高文化软实力作为重要发展战略。各国文化的交流与博弈已经成为普遍趋势，这给当代高校学生带来了新的文化视野，让当代高校学生有机会领略西方先进的科学技术及管理经验。文化的交流与融合也有利于当代高校学生吸收其他文化的优秀因子，拓展高校学生文化吸收的国际视野，使当代高校学生更适应多元文化的生活方式，为当代高校学生成才提供了良好的国际文化条件。

从国内看，我国当前正处于社会主义现代化建设的关键时期，国家对人才的需求和重视达到了前所未有的高度。改革开放以来，我国经济一直保持着强劲的发展态势，取得了举世瞩目的发展成就，这为教育事业的发展奠定了有力的基础，为当代青年学子提供了潜心学习的良好社会条件，为他们创造了优越的成才环境。如经济发展使大学的办学条件极大改善，使高校学生的数量和质量都有了大幅度提高，使大学的科研实力日益增强，科研成果日益增多。此外，中国特色社会主义民主政治不断健全、完善和发展，民主形式日益丰富，人民能够充分行使自己当家作主的权力。这为高校学生成才提供了安定有序的社会保证，为当代高校学生创造了民主、自由的学习和研究氛围，极大地调动了高校学生成才的积极主动性。当代，根据我国现代文化的总体发展趋势，主要有三种文化形态：传统文化、外来文化和社会主义文化。这种多元文化背景能够使高校学生有更多的机会汲取先进文化的精髓，而且开拓了当代高校学生的视野，赋予他们更多的国际化视野和多样化思维方式。

随着信息化和高等教育普及化的到来，当代中国高校这一高校学生成长成才的重要环境也呈现出新的特点。首先，高校的规模不断扩大，地域空间不断扩展。高校规模的扩大，表现在两个方面：在校学生人数的增加和教职工数量的扩大。其次，各个高校的学科、专业建设广泛拓宽，办学层次、中心普遍上移。很多新兴学科特别是多学科之间的交叉学科开始兴起，各个高校开始增设新专业和新的学科点，同时很多学校不仅仅局限于师范、工科、理科等单一类型，开始向成为一所包括文、法、理、工、农、医学科的综合性研究型大学迈进。再次，各个高校竞相出台各种优惠条件，广泛吸引高水平人才。随着知识经济时代的到来，人才的地位日益重要。同时，招生规模的扩大，专业和学科点的激增，都必须以足够数量的高水平人才作为支撑。各类高校深知，仅靠自身人才培养的流量来满足所需高水平人才难以实现预期目标，努力在人才存量中寻求补充成为唯一的途径。于是，各高校纷纷出台吸引人才的各种优惠条件。最后，高校后勤社会化改革已迈出实质步伐，但具体措施尚缺乏规划。后勤工作，对一个学校至关重要。如今，后勤问题变得越来越重要。对后勤体制进行社会化改革成为趋势，只有使后勤体制变得适应社会，才能够提高后勤人员办事的积极性，但是如何保证学生的日常生活，也是亟待解决的问题。

上述情况对中国高校学生工作提出了很多新的要求。首先，要加强高校学生工作队伍的建设，以适应高校招生规模和地域的扩大。高校学生人数的增多，就需要更多的教师保障学生的思想政治教育，就需要更多的辅导员对学生的日常生活、心理健康等进行培养，就需要更好的评价机制对学生工作进行评价监督。其次，要加强高校学生工作的信息化与专业化建设。目前，学生工作的机制还停留在几十年前的形式，学生工作机制日益僵化，如何应对全球化的挑战？如何应对信息化的挑战？如何应对跨学科的挑战？这就需要加强学生工作的信息化和专业化建设。最后，要加强学生工作与学校其他部门之间的联系。对于学生的发展，不仅仅是学生工作者的事情，也是学校各个部门共同关心的话题，必须加强学校各个部门之间的联系与交流，协同育人、全员育人，这样才能适应新时期高校发展的特点。

（二）当代高校学生群体的时代特征

当代高校学生群体受到经济全球化、政治多极化、文化多元化的影响，置身于中国特色社会主义转型的高速发展列车上，并受到家庭环境、学校环境和社会环境的制约，他们身上出现了很多前所未有的特征，深深地打上了时代的烙印。综合而论，其特征主要有以下几点。

1. 学习和生活方式趋于多元化

主要表现在学习方式和组织形式的多元化等方面。在学习方面，计算机、多媒体教学设备的更新与应用，以及互联网技术的迅猛发展，不仅进一步拓展了高校学生的学习空间，也为高校学生获取知识提供了更为多样的方式和渠道。同时，在素质教育全面推进以及完全学分制推行的大背景下，高校学生自定学习目标、自定发展规划、自选研读专业、自修专业课程的主体性意识相对增强了。在生活方面，随着高校学生居住公寓化程度提升以及后勤服务社会化的不断完善，大学中以班级为主体的学生基本组织形式将逐渐弱化，因住宿、生活、学习而结识的高校学生群体正在逐步扩大等。这些正是高校学生学习方式和组织形式多元化的具体表现。

2. 思想和思维方式趋于多元化

随着改革开放和学习西方大学的办学经验，西方的各种理论与思想源源不断地渗透到中国的大学中，高校学生所接受的思想与理论趋于多元化。虽然对中国特色社会主义道路的理想信念仍然抱有很大信心，但是也有一部分高校学生思想趋于异化，讲求个人利益，公德意识和社会责任感淡薄等。多元差异的价值观念、功利性色彩浓厚的就业市场、良莠不齐的网络文化，均影响了高校学生进行人生选择的"变量"。作为一个思想活跃、思维敏捷但又不太成熟、缺乏社会阅历的群体，高校学生的思想及思维方式容易受外部思想及理论的影响，产生各种行为。我国传统的大学思想政治工作模式由于缺乏吸引力和感染力，导致教育引导效果不突出。

3. 性格特征的成熟性与两重性

当代高校学生对善恶、是非、美丑有较为清楚的认识，有着良好的道德观念，但是，在具体行为中，往往认知同行为不一致，甚至完全相反。[①]高校学生在这一时期的性格基本定型，性格特征也基本成熟，但是仍然有一定的波动，突出的表现是对某种事物与某种观点会产生截然不同的应对态度与行为。如务实与实惠的调和、宽容与回避的调和、渴望与满足的不协调性、心理及个性化发展的不协调性等。这些都是当代高校学生的基本特征。

4. 学生主体性意识和地位凸显

20世纪90年代以来，随着社会主义市场经济体制的确立与不断完善，个人主体性、独立性和创造性的彰显与发挥日益受到重视。相应地，"以人为本"的价值理念进入高等教育领域，受到高校工作人员的关注与重视。很多高校坚持"以学生为本"，逐步建立学生听证制度，完善学生申诉和学生权利救济制度，建立学生管理信息反馈和监督系统，尊重和保障学生的合法权利。人们逐渐认同，大学教育在满足社会需要的前提下应充分尊重、凸显人的主体性价值，从而实现人的社会价值和主体价值平衡协调发展。因为在市场经济环境中，学生及其家长，特别是优秀的学生，在交费上学的情况下，有一定的选择大学和专业的自主权利。在此情况下，大学也开始关注学生及其家长的实际需求，尽力开设就业前景比较好的专业，同时为学生提供较多的奖学金和较好的后勤服务，为争夺生源特别是优秀生源展开竞争，这使高校学生成才环境得以优化。

三、中国高校学生工作者队伍状况分析

我国高校学生工作者队伍主要由辅导员、学生工作部门工作人员、班主任、生活导师（少数情况）、学生干部等组成。其中，辅导员与学生工作部门工作人员构成了我国高校学生工作队伍的主体。由于辅导员直接与高校学生接触，因而是我国高校学生工作的"主力军"，是我国高校学生工作的实际承担者。

---

① 杨小磊，李保英.高校学生工作体系的系统构建与整体优化 [J]. 系统科学学报，2017，(1)：82.

（一）中国高校学生工作队伍建设状况

我国党和政府向来重视高校学生工作队伍的建设，自改革开放以来，我国已多次下发文件、召开会议，就加强高校学生工作队伍建设做出部署。作为高校学生工作的"主力军"，高校辅导员由专职辅导员和兼职辅导员组成。目前对高校辅导员的管理实行校、院两级领导制，由学校党委统筹规划、统一领导辅导员队伍建设工作，学生工作部（处）负责具体开展辅导员队伍的管理与建设工作；而各院（系）则负责辅导员的日常培养、使用、管理和考核等工作。由此可见，我国高校学生工作队伍管理关系明确、职责清晰。随着中国高等教育现代化、大众化、国际化进程的不断推进，高校辅导员的工作内容不断更新。目前，我国多项制度都对高校辅导员的身份定位、人员配备、职责要求、培养发展等做了明确规定和要求，辅导员是教师和管理干部双重身份，专业职称和职员级别双向晋升，学校和院系双重管理。例如，根据教育部《关于加强高等学校思想政治教育工作的若干意见》的要求，高校要按照1:200的比例配备学生辅导员。尽管如此，从现实来看，这一比例的落实情况并不尽如人意。一些高校普遍存在辅导员配备不足的情况。

（二）中国高校学生工作者管理模式概况

目前，我国高校已形成较为成熟的学生工作者队伍管理模式。当前各大高校对学生工作者的管理基本上实行校级和院系两级管理，开展激励、考核综合管理。在当前中国高校学生工作者管理模式中，对学生工作者的考核占据核心位置。在考核内容上，除了要对其开展的学生思想政治工作进行考评，还包括对其工作表现、工作方法、工作绩效等各方面的考核；在方法上实行定性与定量相结合的考核方法，以实现对高校学生工作者考核的综合性、整体性、科学性。当然，在保证考核综合性的同时，高校学生工作考核应注重一定的差异性，对于表现优秀者给予物质、精神乃至晋升激励，对于不合格者进行批评教育，对于长期考核不合格者纳入末位淘汰序列，以加强对高校学生工作者队伍管理的有效性。

此外，不少高校通过实行"双轨制"拓宽了高校学生工作者的上升空间与发展前景，以保证学生工作者的工作积极性与上进性。这里的"双轨制"是指，高校学生工作者在开展学生工作的同时，还可以向教学科研岗位方向发展。这一制度的实施,既能够稳定高校学生工作队伍,又能够提升学生工作者的工作认同、工作层次与工作地位,具有较为积极的激励作用。这既是一种较为特殊的管理模式,又是一种特殊的培养模式,对高校学生工作者提出了更高的要求,有利于从整体上提升高校学生工作者队伍的专业化水平。

(三)中国高校学生工作者选配状况

学生工作者队伍作为学生工作的主体,它要在与环境和其他主体的交互作用中,不断地学习和积累经验,以适应不断变化的环境和工作对象。[①] 从总体上看,当前我国绝大多数高校开展的学生工作者选拔及配备工作具有相似之处。

第一,在学生工作者选拔的流程、标准上日趋严格。意欲从事高校学生工作的人员在真正上岗前,一般要经过笔试、面试层层筛选。同时,当前高校对学生工作应聘者的思想道德品质、专业素养及工作能力的要求更高,选拔范围由高校内部逐步扩展为全国范围的竞争性选拔。

第二,在学生工作者的配备上,各高校也越来越注重专兼职人员的结合,即在保证学生工作专职人员数量的同时,适当配备一定数量的兼职学生工作者。兼职学生工作者一般由高校在读硕士研究生或博士研究生担任,一些高校也会选择青年教师兼职开展学生工作。近年来,高校兼职学生工作者发挥了越来越重要的作用,这一群体大多与高校学生年龄相近、经历相仿,具有亲和力,更易与学生接触,能够更好地了解、把握学生的各方面状况,因而能够协助专职学生工作者更好地开展学生工作。可以说,专兼职相结合的学生工作者配比,推动了我国高校学生工作者队伍的结构性优化。

(四)中国高校学生工作者的工作内容及方式

在中华人民共和国成立之初,我国高校学生工作者的工作内容偏重于"政治思想工作",这与当时的政治形势、政治环境有关。改革开放之后,特别是社会主义市场经济体制确立之后,原先偏重"政治思想工作"的较为单一的学生工作模式难以适应新形势、新问题。在此情况下,中国高校学生工作者的工作内容逐渐由"政治思想工作"扩展至"日常思想政治教育、事务管理、发展指导"。同

---

① 杨小磊,李保英.高校学生工作体系的系统构建与整体优化[J].系统科学学报,2017,(1):83.

时,将辅导员的工作内容规定为日常思想政治教育、学生事务管理、学生发展指导等。相应地,高校学生工作者的工作方式也由原先的"灌输"式方法转向"教育引导、管理、服务"。

当然,这并不意味着高校学生工作抛弃灌输理念。事实上,政治性是我国高校学生工作的一大特色与优势,加强党的思想政治教育工作仍然在高校学生工作中处于十分重要的地位。但是,随着高等教育大众化程度不断提高、高校招生规模不断扩大,高校在校学生数量也日益增多,当代高校学生的学习方式、生活习惯及思维方式均发生了较大变化。传统的"灌输"方式效果不佳,难以适应高等教育发展。针对此现象,教育部《普通高校辅导员队伍建设规定》明确提出要"有针对性地帮助学生处理好学习成才、择业交友、健康生活等方面的具体问题"。同时,高校学生工作者尤其是辅导员的工作方式需要重视对学生各方面的管理,包括对学生进行课堂管理、寝室管理、奖惩助贷补免管理、安全风险管理等。

当然,我国高校的学生工作者的职业发展还受到一些制约。一是科研水平落后,高校辅导员被日常工作占用大量时间、精力,导致无心科研或有心无力;二是上升空间有限,"金字塔式"的行政管理岗位设置限制了高校辅导员的上升空间,长期忙于学生日常管理的高校辅导员容易感到动力不足与产生职业倦怠感,这影响了其工作积极性与主动性;三是高校学生工作队伍不稳定,普遍缺乏基础理论培训和后续教育计划,职业认同感不强,人员流动频繁。同时,高校学生工作者的"双重身份"并不明晰,"双向晋升"的前景并不明朗,"双重管理"的管理架构更是使学生工作者在实际工作中面临着诸多困境。

四、中国高校学生工作取得的成就

随着高等教育的发展与不断变革,学生工作作为重要一环,其在不断的探索、变革过程中,既积累了丰富的经验,又取得了一定的成就。具体成就包括以下几个方面。

(一)学生工作扩展到教育、管理和服务的多个层面

随着社会主义市场经济体制改革和高等教育改革的不断深化,高校对于学生工作重要性的认识也不断强化。相应地,高校学生工作的理念也由"管理"理念

转向"发展、服务"理念，服务学生成为学生工作的主要职能，与学生教育、学生管理并重。各个高校的学生服务工作主要有两种模式，第一种是大多数高校采用的模式，即由学生工作职能部门及其下属服务中心或挂靠在院、系一级的服务中心共同负责学生服务工作。这种模式统筹兼顾了直接服务学生和间接服务学生两种方式；第二种模式是少数高校采取的模式，即由学校单独设立学生服务中心，直接向学生提供服务，这种模式可视为第一种模式的有益补充。

学生服务工作内容也得到了极大的丰富。目前高校的学生服务工作主要包括勤工助学服务、就业指导服务、心理健康教育与咨询服务、维权服务等。其中，勤工助学服务主要是为家庭经济困难学生提供有关国家助学贷款申请、校内资助申请、社会资助申请的政策咨询服务。除此以外，高校的勤工助学服务机构还针对家庭经济困难学生开设了能够给予一定报酬的勤工助学岗位，或为有需要的学生提供岗位推介服务、岗位信息搜集服务。就业指导服务主要为学生提供专业的职业生涯规划辅导以及就业指导、就业推介服务，为用工单位提供学生信息、招聘场地和就业手续办理的服务。心理健康教育与咨询服务主要为学生提供心理测评服务、心理问题咨询服务、心理疾病和辅导服务。维权服务主要是为学生提供法律救济服务、法律事务咨询服务。可见，服务的内容与层次均较之前有了很大的深化。

此外，在机构设置上，不少高校为了给学生提供全方位、一站式服务，单独设置了助学服务中心、心理咨询中心、就业指导中心，提升了学生服务工作的品质，拓宽了学生服务工作的业务范围。

（二）思想政治教育的途径和载体更加丰富和有效

当前，高校学生思想政治教育的途径和载体均有所扩展，成效显著。首先，学生思想政治理论教育成效突出。高校从思想政治理论课和学生理论社团建设入手，抓好学生思想政治理论教育工作。如加大了课程建设经费投入，加紧落实了中国特色社会主义理论进课堂、进教材、进学生头脑的工作，改进了教学手段、方法，改革了考试制度，更加注重教师队伍的建设等。在社团建设上，加大对高校学生理论社团的投入，积极引导学生深入学习中国特色社会主义理论，努力坚定高校学生的理想信念，学生的政治理论素质普遍提高。

其次，学生日常思想政治教育开展得如火如荼。各高校在学生入学时，即开展学校规章制度教育，使学生一踏入校门就牢固树立遵纪守法、热爱祖国、报效社会的思想。在毕业教育环节，帮助学生树立正确的价值观、择业观、就业观，引导学生在实现中华民族伟大复兴的生动实践中实现人生理想。在日常教育中，把军训作为大学第一课，培养学生的组织纪律性和集体荣誉感，锻炼意志，开展主旋律教育等。

再次，学生社会实践活动取得了丰硕的成果，形成了良好的校园文化氛围。各高校都确立并完善了开展高校学生社会实践活动的规章、机制，具体包括高校学生社会实践活动的经费支持机制、高校学生社会实践团队的管理制度、高校学生社会实践活动的评价机制，在此基础上高校学生社会实践活动逐渐走向常态化、规范化。随着各大高校多样化的社会实践活动的开展，高校理论联系实际的学风愈发浓厚。

最后，思想政治教育阵地建设不断加强。除了传统的校园广播、校园橱窗、校报等思想政治宣传阵地，各大高校还根据互联网尤其是新媒体发展的实际情况，纷纷加强了校园电视台建设、校园网络新媒体建设，不断拓宽思想政治教育阵地与平台，创造了良好的思想文化氛围和优良学风氛围。

（三）学生管理制度不断完善，管理程序日趋规范

制度对人的行为具有强制约束作用，是建立和规范系统秩序的重要前提。[①]制度规范是高校深化教育、科学管理、规范服务的重要保障。随着社会法治化程度的提高和公民意识的增强，依法治校的意识得以强化，各高校把以德育人和管理育人有机地结合起来，强化校规校纪建设，通过完善制度和严格管理，规范学生行为，使之养成良好的行为习惯。自《普通高等学校学生管理规定》颁布以来，各高校结合自身实际情况，广泛征求学校师生和法律专家的意见，在充分尊重学生主体性的基础上，修订并制定了一系列学生管理制度，进一步提升学生管理工作的规范化程度。

目前，高校学生管理工作的模式不断丰富、完善，主要有以下三种模式：第

---

① 张永芝. 舍勒"先天价值秩序"的缺陷及其矫正 [J]. 理论探索，2014，(4)：40-43.

一种模式是学校间接管理模式,在这一模式下,宏观性、总体性工作由学生工作职能部门负责,微观具体工作则由院系学生工作队伍负责开展;第二种模式是学校直接管理模式,即在学校层面设立学生工作管理中心,由这种独立设置的学生工作管理中心全面负责全校的学生工作事务,实现学校对学生工作的直接管理;第三种模式结合了直接管理模式和间接管理模式,即在学校层面独立设置学生工作管理中心,但该中心的实际工作与学生工作职能部门存在不少重合之处。

各高校在学生管理的具体过程中,注重加强制度的宣讲,注重管理程序的规范性,尊重学生的意见表达,相继成立了申诉处理委员会和学生权益中心,为学生开辟了维护自身权益的渠道。各高校学生管理工作的内容架构也不断地充实与完善,目前学生管理工作的内容主要包括招生管理、学籍与档案管理、学生评奖评优管理、学生资助管理、学生日常事务管理、学生违纪行为管理、学生宿舍管理和学生社团管理等。

(四)学生工作队伍的建设日益得到重视

建设高素质、有能力的学生工作队伍是加强学生工作的前提和保证。目前,高校学生工作队伍的构成主体是党政干部、共青团干部、学生辅导员、思想政治理论课教师。各高校按照专家化、专业化、职业化的要求,为思想政治理论课教师和专职学生干部提供学习、交流、培训、深造的机会,通过更新知识、提高学历层次等构建合理的梯队结构,并采取相应的政策与措施稳定这两支队伍,在专业技术职务评聘、课题申报、科研立项等方面适当倾斜,保持了队伍的稳定性。

各高校还建立了学生工作队伍管理体制和约束激励机制,明确了学生工作各岗位的工作职责,建立了比较科学的工作绩效评价体系,通过切实可行的考核机制和激励机制,增强了队伍的凝聚力与创造力,增强了学生岗位的吸引力,学生工作干部的工作主动性和创造性被极大地激发和调动起来,创造了"班级目标管理法"和"辅导员日记"等教育方法,其工作得到了学校、院系以及学生的广泛认可。特别是在辅导员队伍的专业化建设方面取得了不小的进步,各高校纷纷提高了对专职辅导员的招聘要求,加强了对专职辅导员的专业培训力度,在职称、职务、工作津贴和福利待遇等方面为专职辅导员提供了政策支撑。在上述因素的推动下,我国高校专职辅导员的人数呈逐年上升趋势,同时专职辅导员的年龄结构、专业背景、学历及职称结构也日趋合理，专职辅导员队伍的专业化、职业化水平不断提升。

第二节　中国高校学生工作问题及原因

一、当代中国高校学生工作存在的问题

我国高校学生工作虽然取得了很多成绩、积累了很多经验，但是也存在很多问题，主要有以下几个方面。

（一）高校对学生工作功能定位存有认知偏差

毫无疑问，高校学生工作应当是高等教育管理的重要组成部分，理应得到高校管理层与学术界的关注与重视。然而，相当一段时间以来，由于高校学生工作既缺乏明确的职能定位又缺乏学科的专业性支撑，不少高校中的学生工作者存在着凭经验和感觉办事的问题。正因如此，学生工作在高校中难以得到足够认同，高校的高层管理者、专业教师、普通行政管理人员和学生均对学生工作部门及其人员的职责定位存在一定的认知偏差。

这种认知偏差集中体现为以下几种观点：第一种观点认为，高校学生工作就是单纯的思想政治教育工作，认为学生工作与高校日常教学活动及学生培养活动是分离的；第二种观点认为，高校学生工作是辅助性、应急性工作，这种观点将高校学生工作的工作范围锁定于处理关于学生的日常杂务，甚至认为学生工作部门没有单独存在的必要性，认为学生工作对于高校长远发展无足轻重；第三种观点认为，学生工作是监督性工作，高校学生工作的主要内容是对学生进行考勤与纪律约束，认为学生工作容易引发师生对立，引起学生抵触情绪。总之，由于存在上述认知误区，高校学生工作被贴上了"经验型""应急型""辅助型"等功能标签，使学生工作者在开展工作过程中难以获得认同与支持，无法有效发挥学生工作应有的功能。

（二）条块式组织架构阻滞学生工作部门协调

所谓组织结构，"是指描述组织的框架体系，它反映了特定组织内部的部门

组合及其相互间的责任和权力关系。"①在组织中决定人的行为的首要因素是组织结构。②总体来看，我国相当一部分高校的学生工作运行机制还存在不足，具有很大的提升空间。尽管很多高校设立了专门的学生工作职能部门，一些高校还在学校层面单独设立了学生事务服务中心。但是，在该模式下，各职能部门、各服务中心自成体系、各自为政，各条线上的部门因职能分工的差异具有各自的工作理念与工作作风。这一现象导致高校学生工作部门在实际工作过程中被划分为若干个小型"块状"实体。从单一学生工作部门的内部角度看，该部门能够有条不紊地运作。但是，从全校学生工作的总体层面看，"块状"部门之间往往存在沟通不畅、协调困难等问题，进而导致这些部门无法协同合作，难以在学生工作系统中实现合力育人。

除此之外，学生工作职能部门在履行职能之时，往往需要学校其他职能部门支持、配合。然而遗憾的是，在高校多管齐下的管理模式下，学生工作职能部门难以与其他职能部门有效协调，难以真正形成育人合力，有时甚至会出现违反教育一致性原则的现象，进而导致各部门的工作效果相互抵消。

（三）高校学生工作内容缺失学生本位价值

目前，从学生工作的内容体系设计看，高校学生工作的工作内容、方式方法仍然具有较浓的主观性色彩，往往以学生工作者自我为中心。而高校学生作为受教育者，有其自身的个性特征、兴趣爱好、心理需求。但"以自我为中心"的学生工作者往往忽视了这些因素。这使学生工作内容缺失了学生本位价值，其针对性、实效性不强。一些高校的学生工作内容，常常是在上级部门发布文件之后，就旋即按照上级精神组织活动，并强制或半强制地要求学生参加活动，这显然并未较好地尊重高校学生主体地位，没有从根本上调动学生的积极性；常常是千篇一律的硬性规定与要求，忽略了不同学生的心理特征与实际需要，忽略了不同学生的专业兴趣与个人追求；常常按照一时一事的要求确定学生活动内容，缺乏目标导向与长远考量，可持续性不足，不利于促进高校学生全面、健康的成长成才；常常是先有活动内容的大致方向，而缺乏规范性操作指导，这导致学生活动组织

---

① 欧文斯. 教育组织行为学 [M]. 孙绵涛，译. 武汉：华中师范大学出版社，1987：67.
② 王孙禺. 高等教育组织与管理 [M]. 北京：高等教育出版社，2008：110.

水平的高低受具体实施者个人能力影响，存在不稳定因素；常常因为缺乏周密计划与充足准备，导致学生对活动预知程度、接受程度不高，降低了学生的参与度。上述问题的存在，对"以学生为中心"、促进学生全面发展等科学理念在高校的贯彻落实构成了不小的阻碍，影响了高校学生工作应有的成效。

（四）学生思想政治教育全面性与针对性不足

思想政治教育是高校学生工作的一项重要内容。但是，在开展思想政治教育过程中，一些高校的学生工作者偏重于对学生进行理想信念教育，而弱化了道德修养、道德规范等方面的教育。部分高校的思想政治教育内容深度不够、覆盖面不广，这与各高校投入其中的人力、时间、财力不足有关。同时，一些高校仍然采用原有的思想教育管理方式，多数高校在院系层面上是将研究生和本科生放在一起管理。这种管理方式导致研究生的思想政治教育工作得不到足够重视甚至处于空白地带，导致研究生在校生涯仅限于科研活动以及简单的课外活动。在此情况下，对研究生综合素质的评价难免存在偏颇。虽然有不少高校设立了专门的思想政治网站或微信公众平台，但是这些平台对学生的影响力有限，不少学生对这些网络平台视若无睹。同时，学生认为思想政治理论课课程体系设置不太科学，教学内容的针对性并不强。由此可见，思想政治理论课的课程体系、教学质量和教学方法确实存在不容忽视的问题。

针对上述情况，高校必须不断丰富思想政治理论课的教学内容，切实优化思想政治理论课的教学模式，适时创新思想政治理论课的教育方式，使思想政治理论课在高校学生工作中真正发挥应有作用。

（五）高校学生工作现有评估机制不完善

当前，虽然高校学生工作的机制体制不断完善，但在学生工作过程中依然存在评估规范性不足的现实问题。一般来说，高校学生工作的评估体系包括两部分：一是学校对院系一级学生工作状况的测评；二是学校对学生综合素质的测评。在高校对院系一级学生工作的测评过程中，评估人员主要由学校层面分管学生工作的领导、学生工作职能部门负责人、院系一级分管学生工作的领导组成。其中，院系一级分管学生工作的领导既是高校学生工作的评估对象，需要接受校级评估；又是高校学生工作的评估主体，需要参与学校评估。这种"评估者"与"被评估者"的二重角色必然产生角色冲突，不可避免地产生一些问题甚至矛盾。

更为重要的是，在校级的学生工作评估过程中，往往缺少各院系专业教师以及普通学生的参与；学校评估人员将学生工作评估的重点放在各院系是否按照学校规定完成工作任务，而对院系一级的学生工作究竟是否有助于人才培养、是否促进学生全面健康发展等问题缺乏关注与考察。可以说，这种从评估者视角出发的单一评估模式，并不符合高校育人的目标，不利于调动全体师生员工的育人积极性。在高校组织开展的学生综合素质测评中，专业课考试成绩是评价学生素质高低的主要尺度，学生的道德素养、创新实践能力往往被忽视，因而高校学生工作评估的方法缺乏一定的客观性与科学性。在重表象不重实质的评估导向下，评价得分的高低又成为决定学生能否评优的唯一依据。这种评价机制不利于实现"立德树人"的育人目标，同时容易造成学生理论学习与实践脱节。

此外，尽管各高校完善了学生权益救济制度，但是在实际工作中，相关工作的管理色彩浓厚、服务意识不足，学生工作者秉持"管理论"思维开展工作，不仅容易激化学生工作者与学生之间的矛盾，还降低了服务效果。

（六）学生就业、心理咨询服务品质不高

不可否认，我国高校在勤工助学、学生心理咨询、学生就业指导等学生服务方面取得了不小的成绩。然而，高校学生工作的服务品质还有待提高，尤其在服务内容与服务方式上还存在诸多不足。例如，服务机制的全程性、专业性有待提升，关于学生就业指向的服务有待补充，团体辅导基础上的个性化指导有待进一步深入。具体来说，在学生心理健康教育与咨询方面，部分高校学生工作的目标设置处于消极性层次，忽视高校学生更高层次的心理需求，大多局限于心理咨询服务，对高校学生尤其是存在一定心理问题的高校学生进行预防性与补救性服务较少，偏离了心理健康教育的主要目标。这主要表现为：高校学生心理咨询服务的服务对象与服务内容较为单一，仅限于对那些主动要求心理咨询的学生进行疏导、关怀，缺少面向全体学生的发展性心理健康服务，如心理素质拓展提升训练、职业心理辅导等。

由于存在上述缺失，高校的心理健康教育并未完全发挥应有功能，尤其是发展性功能发挥不足。在开展心理健康教育与咨询活动的过程中，一些高校缺少相

应的硬件配置，导致其心理健康咨询服务停留于心理测验、心理分析的简单层面。从师资水平上看，当前在高校从事学生心理健康教育的教师专业水平参差不齐，咨询服务的规范性、专业性仍存在很大的提升空间，专业领域的理论研究也不够深入，这些都在客观上影响了心理健康服务的水平。在学生就业规划与指导上，部分高校对学生开展就业规划与指导的内容和层次不高，尤其在内容上仍然停留在收集学生就业需求信息、分析就业形势与政策、传授面试技巧等方面，忽视了学生的专业差异与兴趣爱好，忽视了对学生创新创业能力的提升。

此外，高校学生就业规划与指导工作人员的专业性有待提高，人员数量也不足，由此无论是对专业知识的掌握层面，还是在人才储备层面都远远无法满足就业指导工作的需要，因而就业指导的针对性不强、效果不理想。

（七）高校学生工作队伍专业化建设不全面

当前，不少高校学生工作部门在学生工作者队伍建设上存在认知误区与实践失误。从学生工作者的选拔方式上看，一些高校更看重被选拔者的政治素质、组织能力和日常表现，但忽视被选拔者是否具有与学生工作相关的专业背景。从对学生工作者的培训内容上看，一些高校较为注重经验式传承，缺乏系统的学生工作理论传授，更缺乏将理论与学生工作实际相结合的培训内容。在学生工作者的激励和评价机制上，一些高校更看重学生工作者的工作热情和奉献精神，忽视其实际工作水平与理论研究能力。上述情况导致学生工作者对学生工作理论学习、研究的重视程度严重不足，往往是凭经验和感觉开展工作、思考问题。这导致学生工作者在高校没有学术地位，得不到专业教师的认可，学生工作者自身也没有术业有专攻的荣誉感、归属感。

在上述问题的作用下，高校学生工作者很难在工作时投入饱满的热情，实现全身心投入。因此，高校学生工作队伍仍存在不稳定性，这种不稳定性影响了高校学生工作的功能发挥。同时，由于部分学生工作者的专业知识和专业能力不足，导致其在处理学生事务时表现出无能为力或不能胜任。

二、当代中国高校学生工作存在问题的归因分析

造成当前学生工作中存在问题的原因是多方面的，有历史的因素，有时代发

展的因素，有国家、社会、学校的因素，还有学生自身的因素。综合来看，学生工作存在问题的归因分析可从以下几方面入手。

（一）社会环境的变化

在全球化、信息化时代，经济全球化、政治多极化、文化多元化，特别是计算机通信技术、互联网技术的快速发展，在很大程度上冲击并改变了人们既有的生活方式和思维方式。一方面，在信息化时代，人们对大量信息的获取更为便捷、快速，人们知识积累和更新的速度不断提高；另一方面，全球化、信息化时代的来临，也改变了人与人之间的沟通方式、交际方式，甚至会对人们的身心健康产生影响。社会环境的变化，对高校学生工作的影响，虽然悄无声息，但是影响深远。社会环境变化中隐含着诸多不可预知的变量，这给高校学生工作带来了越来越多的挑战。

除此之外，社会发展直接影响学生的心理，如西方自由主义思想的传播，给当代中国的思想政治教育工作带来严峻的挑战。高校学生扩招导致的就业难，也使学生在学校期间就出现各种问题。这些都是社会因素的变革对学生及学生工作带来的变化。

（二）高等教育大众化的影响

随着高等教育大众化、普及化趋势不断发展，高校学生培养工作的重心也有所变化。为了适应时代环境的变化、满足时代变化产生的新需求，高校越来越将培养高素质应用型人才作为学校培养的重要目标。越来越多的高校认识到，学生的综合素质和实践能力的提升，尤其是学生就业能力的提升，已成为高校人才培养过程中的重要内容与关键一环。同时，中国高校实行的收费制度，导致高校传统的师生关系以及校生关系发生转变。尤其在社会主义市场经济环境下，高校学生的消费者意识开始强化并凸显。越来越多的高校学生及其家长将接受高等教育视为实现高质量就业与实现向上流动的重要途径。

由此可见，高等教育的普及化、大众化趋势，促使高校调整、更新了人才培养目标与学生管理方式，同时也带来了高校学生群体特征的变化。在此情况下，高校学生工作的传统模式及方法越来越不适应现实变化。如学生增多，导致专业的学生工作人才数量难以配套跟进，导致学生工作服务体系运转不灵，导致学生就业压力疏导困难增加,等等。上述都是高等教育大众化对学生工作的巨大挑战。

(三)高校发展的现实需要

21世纪的今天,社会主义现代化建设与高等教育不断深化革新,必然要求加强综合性研究型大学的建设。建设综合性研究型大学需要以先进的大学理念为指引,需要以先进的管理模式为基础,需要以培养高素质人才作为中心培养目标。在高等教育竞争日益激烈的今天,建设一所能够培养高素质人才的综合性研究型大学,既需要良好的硬件保障,也需要良好的软件支撑。建设综合性研究型大学,无疑对高校学生工作提出了更高要求,高校学生工作的工作方向、工作内容、工作模式要与综合性研究型大学整体目标取向相契合。高校学生工作应与高校学术事务协同发力,共同承担起培养素质高、能力强、知识全面的社会主义建设者和接班人的重任。

在新时代,面对新变化、新要求,尤其是面对建设综合性研究型大学的现实需要,高校学生工作的一些传统理念、传统模式、传统方法已经不合时宜。总之,现实需要和高校学生工作实际状况之间存在的差距,成为导致学生工作问题众多的一个重要原因。

(四)学生个体的变化

在社会不断发展的21世纪,高校学生的主体意识不断加强,但也随之导致高校学生越来越以自我为中心,高校学生在日常学习、生活中所表现出来的功利化倾向越来越明显。毋庸置疑,高校学生思维敏捷、知识面广、想象力丰富,易于接受新鲜事物,富有青春朝气与创新精神。在高等教育大众化、普及化背景下,随着高校招生规模不断扩大,高校学生生源的复杂性也有所增加。青年高校学生由于在家庭背景、年龄结构、学习动机、心理特征等多方面存在差异,其实际需求也呈现出多样性。尤其是在当今社会多元价值理念的影响、冲击下,高校学生的自我意识、消费者意识、平等意识日益增强,他们更加关注自身的发展尤其是未来的就业方向。

由于上述高校学生个体的变化,高校学生工作所面临的问题也日益增多,高校学生工作面临着更为艰巨的挑战。

第三节 我国高校学生工作面临的环境挑战

事实上，由于高校在整个社会系统中并非真空环境，根本不是"独立王国"，因此，高校学生工作必然遭受来自高校内部和系统以外的外部环境的冲击，这些环境冲击既包括社会转型带来的社会结构的变迁，又包括信息化时代带来的社会弊端，同时还包括高等教育改革付出的改革成本等。这无疑都从环境层面给高校学生工作带来了更大的挑战。下面列举的一些案例，直观反映了高校学生工作受到的环境挑战。

一、社会转型给高校学生工作带来的挑战

我国目前正处于社会转型期，传统社会结构解组和剧变，各种社会问题和矛盾凸显，这些社会转型带来的社会风险也在冲击着高校校园。通过对访谈资料的梳理，在高校学生工作中，社会转型的冲击主要来自家庭、社会风险与市场化带来的功利思想。

（一）家庭因素影响学生情绪与心理健康

家庭是人社会化最重要的场所，是个体成人成才的重要环境因素。对于高校学生而言，虽然其已经离开家庭，开始独立生活，在空间上与家庭分离，但是其无论是在经济上还是在心理上都时刻与家庭产生联结，带有家庭的"烙印"，特别是社会转型期，传统的家庭结构与家庭关系容易受到更多威胁与冲击，家庭面临的风险事件也随之增多，学生的家庭环境一旦出现"风吹草动"，就会直接影响其情绪状态和心理健康。这些往往成为学生工作者工作的难点之一。下面的案例印证了上述观点。

案例1：现在单亲家庭的孩子越来越多，出现家庭问题的学生也越来越多。这些学生有的心理不是很健康，只要有明显性格缺陷的学生，当我们追溯其家庭时，其家庭大都存在很大的问题……

案例2：上学期，有个学生要我帮忙。想让我告诉她妈妈她在学校很有问题，想退学，不想读书了，原因就是她妈妈有了外遇，要离婚，和第三者私奔，她想

通过这种方式挽回父母的婚姻，她哭着求我，我实在没办法，只能答应了……

从上述案例可知，在社会转型期，由于家庭结构与家庭关系变故的比率增多，家庭突发的事件更为复杂，这些都直接影响其子女在校的学习和生活，使他们心理与情绪产生波动，这经常迫使学生工作者要和家长进行沟通，甚至卷入整个家庭事件中。这些无形中都增加了学生工作者的工作难度，给高校学生工作提出了更高的要求。

（二）社会风险威胁学生人身财产安全

社会转型期的一个突出特点就是社会风险威胁加大。高校开放式办学后，学校与周围社区的界限被打破，许多社会上的不安定因素对学生的人身与财产造成了很大的威胁。在访谈中，学生工作者纷纷谈及这些风险因素在社会转型期也加大了学生工作的难度。

案例：我们学校音乐学院的一个学生干部大四上学期去找工作，结果被拉到了传销组织，与家里人失去联系，与我们也失去了联系，结果半个月后才找机会溜了出来，然后我们报了警，幸好人没什么事……

由于社会不安定因素（如诈骗、报复社会、偷盗抢劫、传销等）一直在威胁着高校学生人身及财产安全，这使得高校学生工作者经常疲于处置类似的突发或危险事件，经常要和学校的保卫部门，甚至是当地公安部门一起处置各种安全事件。辅导员们纷纷谈及，这些问题是其工作压力大的重要原因。

（三）市场化导致诸多不良风气侵蚀学生

市场经济体制的不断完善推动了我国经济社会的快速发展，同时也给社会思想领域带来了巨大冲击。许多不良社会风气也在侵蚀着高校学生的思想，使他们接受了许多与社会主义核心价值观不相符，甚至背道而驰的价值观。比如功利主义、自我中心主义，失信、享乐主义等。这些都给高校学生工作，特别是高校学生的思想政治教育带来诸多挑战。在访谈中，学生工作者们纷纷谈及此类问题。

案例1：相对而言，现在的学生比以前的学生更成熟，现在十八九岁的孩子比我们十八九岁的时候要成熟、世故，在这方面他们懂得更多，所以没有以前的学生单纯，你跟他讲个什么事，他不是首先选择信任你，而是会想，老师出于什么目的，对老师有什么好处，对我又有什么好处，有时这种差异导致老师没法给学生做工作，一做工作，学生就会想，老师是不是又来说服教育我了，他不会想，这其实都是为了他好……

案例2：我们这一级有个学生，家里有钱，平时上课总逃课，天天玩游戏，要么就开车去追女孩，哪像个大学生，我找他谈话，结果他告诉我，他就是来混个文凭，毕业就回去帮他爸管理公司，来上大学一方面是镀金，另一方面是积累人脉，他还笑嘻嘻地跟我说"老师，你不用管我的，我这样就可以了，你别在我这浪费时间了……"

以上问题均反映出社会转型期不良社会风气对高校学生思想的侵蚀。这是目前高校学生工作，特别是高校学生思想政治教育工作面临的巨大环境挑战之一。

二、信息化给高校学生工作带来的挑战

信息化时代的来临在给人类社会带来福祉的同时，也给人类社会带来诸多困扰。同样，在高校学生工作中，信息化给工作带来便利的同时，也给工作带来了诸多新的挑战。受访的学生工作者纷纷表示，信息化给学生工作带来了新的议题与挑战。

（一）信息渠道多元化使学生工作者需要更加全面与准确地把握相关政策

信息渠道的多元化使学生自主意识增强是受访者谈及的有关信息化带来的挑战之一。信息渠道的多元化使教师不再是发布信息的唯一渠道，学生会通过其他渠道获得相关信息，从而加大了学生工作者解释政策与依法依规管理的难度。

案例：现在很多政策都是透明的，每年评贫困生助学金的时候，没有评上的一些学生在网上查询了详细的政策细则后就找我们扯皮。其实，每年学校都在做这个工作，永远不可能做到绝对的公平和没有漏洞，而学生总能按着政策用"歪理邪说"跟你扯，你要解释得不好，他还会反映到学校，甚至到省里……

由于现在网络发达，信息渠道多元化，学生与家长掌握的政策信息量增加，这些都使学生工作者需要掌握更多更广的政策信息，而且需要了解透彻，否则就会无法有效地与学生和家长沟通，无法有效地做到依法依规管理服务学生。

（二）网络媒体发达使学生舆情管控难度变大

网络媒体发达使学生可以通过多种渠道发表自己的观点。但由于处于青年

时代的高校学生涉世未深或个性张扬，往往会在公开的网络平台上发表许多过激、偏激的观点，造成诸多不良社会影响，这些都给学生工作中舆情的管控带来了难度。

案例1：现在大一新生没有入学就有自己的QQ群了，在群里已经了解了自己的专业，讨论了自己的专业、学校，但是其中有几个学生对自己的专业和学校不满意，就在上面发泄情绪，说学校不好，专业不好，特别是几个理科生，因为我们是文理兼收，觉得自己没被心仪的理工科专业选中，就说现在的专业不好，呼吁所有被理工科录取的同学抵制，要求到学校换专业……

案例2：上次学校筹备校庆活动，在校庆举办前一周对教室进行了粉刷，结果有些味道，我们院的学生会主席就在自己的班级群和朋友圈里发了照片，还加上一段讽刺学校做法的话，结果被学校宣传部了解了，直接说我们工作不到位，没有管好学生……

不难发现，虽然各个案例涉猎的内容不同，但受访者们要表达的核心要义就是网络媒体的发达使舆情管控的难度变大，从而给高校学生工作平添新的挑战。

（三）网络犯罪活动波及渗透高校学生

网络犯罪是新兴犯罪形式之一，其是信息化时代带来的负面效应。包括网络诈骗、网络赌博、网络涉黄、网络组织集体作弊等。这些网络犯罪形式现今也在波及渗透高校学生群体，威胁着高校学生的人身财产安全，同时也侵蚀着其思想，增加了高校学生工作的难度。

案例1：我所在学院的三个大四学生2020年被网上的一些作弊团伙拉去做枪手，帮别人发答案，结果被公安局一锅端了，正值入刑刚刚实行阶段，这一事件使我们院系从书记到辅导员都焦头烂额，承受了很大的压力，幸好我们的工作本身并没有什么失误，只是这几个学生差点被开除，最后是留校察看……

案例2：每年我们学院都在讲防骗知识，特别是对大一新生，可是几乎每年还会发生几起学生被网络诈骗的事件，什么朋友要她交电话费她就交了，还有就是招网上兼职，要么就是点了诈骗链接，支付宝里的钱被骗光了，这些事都会发生，特别是女生，很单纯，一被骗就哭，情绪非常大，我们要想方设法去安抚处理……

不难看出，利用网络进行的犯罪如今也波及渗透到大学校园中，这些事件会对学生的人生发展和身心健康带来较大负面影响，而且处置难度大，对学生工作者处置突发事件的能力提出了更高的要求。

三、高等教育改革给高校学生工作带来的挑战

我国高等教育体制改革是我国深化教育体制改革的重要组成部分，是我国建设现代化高等教育体系的必由之路。同时，在深化高等教育改革的过程中，必然会出现诸多矛盾，出现许多新的问题，这些也给现下的高校学生工作系统带来了新的压力和挑战。

（一）高校扩招带来的双向压力

高校扩招使高校学生数量急剧上升，这是高等教育改革进程中最直观的政策后果。这直接挑战着高校学生工作系统的承受能力和学生工作者的工作能力。在访谈中，学生工作者纷纷表示其承受着来自学生与学校的双向压力。一方面，师生比例过大、生源素质下降使学生工作者需要处理来自学生的诸多事务。与此同时，由于扩招，学校教学、后勤资源一时难以调配与保障，因而给院系施加压力，要求学生工作者尽量安抚学生情绪，调配和整合已有资源，这无形中给基层辅导员增加了工作压力。

（二）高校改革发展中的功利化倾向使学生工作边缘化

众所周知，德育为先是我国高等教育之根本，高校学生的思想政治教育在高校中要形成"全员育人"的格局。在访谈中，受访的学生工作者纷纷谈及，在实际工作中，高校学生的德育工作成为其工作的专属领域，任课教师几乎不参与学生的德育工作，其对学生开展的德育工作就处于孤立无援的状态，这不符合教育的基本规律，不利于高校学生的全面发展。

案例：现在的老师都搞科研去了，因为这是最重要的、能给自己带来最大利益的事，我们搞学工的在他们眼里就是专职干这事的，别说联动，我们辅导员来院系几年，甚至连院系的老师都还没有认识全，老师现在上完课就走，几乎很少和学生谈心，我们学校师生分离，老师上完课马上就走，兼职班主任也就周日晚上去点个名，有时候连班上学生都认不齐……

上述案例反映的问题均从学生工作者的视角谈及了由于任课教师"德育"职责的缺位导致了学生工作者的德育工作呈现"独角戏"的工作局面。其中折射出的深层次原因不言而喻。表面上看，是任课教师忽视学生德育工作的个体行为，但基于基本的社会学思想，这些个体行为已经聚合成为一种"社会事实"，这种"社会事实"背后的原因是我国高等教育在改革过程中，出现了一些功利化倾向，比如注重外延式发展，注重排名，而忽视内涵式发展；注重学校底蕴的积淀，使学校注重科研，而忽视对学生的教育；在教育过程中，只注重智育，而忽视德育。这些都给高校学生工作、高校学生思想政治教育工作带来了负面后果——"全员育人"的格局难以形成，高校学生工作面临被边缘化的境地。

通过对我国高校学生工作的现状与问题分析，凸显我国高校目前存在的问题，从而有效解决，可以促进我国高校学生工作的进一步完善。

第三章

高校学生工作和学校社会工作

第一节 高校学生工作和学校社会工作辨析

一、定义辨析

（一）高校学生工作

高校学生工作有广义和狭义之分：广义的高校学生工作即除专业教学外的所有校内活动的服务与管理工作；狭义的高校学生工作即一般认为的学生日常思想政治教育及管理工作。改革开放以来，尤其是最近十年，我国高等教育事业随着社会经济快速发展，作为高校教学环节支持系统的高校学生工作也搭上了这班快车，其无论是在内涵上还是在外延上都产生了显著变化，其工作理念由人本主义逐步取代社会本位思想，即以注重学生的全面发展逐渐取代培养社会主义接班人的口号、以管理和服务逐渐取代单纯的思想政治说教。具体而言，社会主义市场经济的深入发展和社会的急剧变迁，都以各种或明或暗的形式集中体现在高校环境和高校学生之中，使之多元化，从而促使学生工作的内涵不断丰富和更新。

同样，受社会分工不断细化的影响，高校学生工作也逐步由整体性向精细化演变，以西北农林科技大学为例，心理咨询中心、学生资助中心、招生办公室等已经与本科生教育管理科和研究生教育管理科并列发展，共同构成学生工作处（部），尤其是就业指导中心已经独立于学生处（部）之外并与之并列，独立管理运行。

由此可见，高校学生工作的外延已经突破了传统的定义，逐步贯通大学培养的各个环节，并发挥不可替代的作用。综合学生工作不断发展的内涵和外延可见高校学生工作已经突破传统"管"的理念，而将服务逐步贯穿整个工作环节。

（二）学校社会工作

概括地说，学校社会工作是将社会工作的原则与方法用于学校，目的在于协助学校，使之成为"教"与"学"的良好环境，并使学生得以获得其适应今日与未来的生活能力的一种专业服务活动。

学校社会工作包括以下两个基本内容：一是学校内社会工作的开展：通过学校社会工作者以高校校园为活动地域，针对不同院系的学生需求，借助现有的工作环境和工作条件，开展专业活动，从而协助受助者解决学业、情感等问题。一般采用的工作方法有个案辅导、小组工作以及社区社会工作；二是学校外社会工作的开展：同其他社会工作机构、政府机构、社区等互相配合开展辅导服务工作，学校社会工作者能够运用更多的社会资源为案主提供服务。

二、工作领域辨析

（一）高校学生工作领域

1. 加强学生思想政治教育，促进学生全面健康发展

（1）思想教育。高校学生处于生理和心理的双发展期，尤其是处于心理发展的关键时期。高校学生尤其是低年级学生，刚脱离高中的繁重课业以及父母的生活监管，在思想上又表现出不成熟，此时必须对其加强思想政治教育，一方面要强化其遵纪守法的自律意识，另一方面要通过内容丰富多彩、形式多种多样的课内外活动帮助其树立良好的精神面貌和优秀品格。

（2）学习辅导。学生的根本任务是学习，基于此前提，所有的学生工作都应该为学习服务。通过帮助低年级学生制定学业生涯规划、帮助中高年级学生完善职业生涯规划、举办"耕读汇""读书会"以及其他各类学习交流会等主题活动，促使高校形成良好的学习氛围，从而使高校学生实现自我提高和自我发展。

（3）生活引导。大学是一个小社会，高校学生会学习四年甚至更久，大学阶段对高校学生的人格塑造、生活习惯养成、为人处世行为形成都有巨大的作用。作为高校学生工作者应该帮助并引导高校学生排除或减小周边环境的消极影响，在尊重其个性化生活方式的同时，要帮助其树立起健康的生活习惯以及正确的生活态度。

（4）心理疏导。高校学生工作者尤其是辅导员，处于学生工作的最前沿，与学生有着最密切的接触，学生到校之后，最信任和最愿意求助的人就是辅导员，因此，辅导员要能够准确地掌握学生的心理动向，及时关注学生的生活状态、情绪表现，要通过多种适当的途径帮助学生疏解压力，自我调节，使其保持良好的心理状态。

（5）就业指导。读大学的最终目标就是走向社会，通过在社会中的就业，逐步完成社会化的过程，因此，就业理所当然地成为高校学生工作的重要领域，加之近几年全球经济状况堪忧，就业压力逐年增加，高校学生工作更应该结合学生特点，对高校学生进行就业指导，帮助其顺利走向社会，完成从学校人到社会人的过渡。

2. 完善基础职能建设，重视学生事务

（1）招生注册工作。许多高校，无论是将招生办公室独立于学生处之外或是将之设置于学生处之内，都归属于全校的学生工作体系。从工作性质上看，招生注册是高校学生管理的起点，它关系到高校学生的质量、高校学生的就业率等，作为拓展的高校学生事务区别于教学领域，将招生纳入高校学生工作是必然结果。

（2）生活服务工作。随着市场经济改革的深入，高校后勤部门的社会化已成趋势，由于受长期行政体系的影响，高校后勤社会化必然会或多或少与高校学生的利益发生冲突，高校学生工作者应该及时掌握相关情况，疏导对立情绪，通过多方沟通协调，帮助高校学生化解矛盾，维护其合法利益，为其更好地学习和生活创造良好条件。

（3）经济资助工作。高校的经济资助工作主要包括国家奖学金、专业奖学金、助学金、助学贷款、困难补助、学费减免、实物发放、勤工助学等形式。

按照中央 16 号文件要求，要加强对经济困难（包括突发性或临时性困难）学生的资助，资金投入以政府投入为主导，社会多方筹措为补充，不断完善资助政策和措施，逐步形成以国家助学贷款、生源地贷款、国家奖学金以及励志奖学金为主体的"奖、贷、助、勤、补、减、免"综合资助体系。通过创新助学贷款政策，完善贫困认定机制，提供勤工助学岗位特别是助研助教及助管工作，最终起到育人作用。

（4）法律事务服务。随着整个社会法治的进步与公民法律意识的提高，高校学生维权意识的增强，高校学生法律事务日渐增多。法律事务服务应包含两个层次的内容，一是通过教育加强高校学生的法律意识；二是为高校学生提供法律援助。在校期间高校学生之间、高校学生与学校之间、高校学生与企业之间都有可能出现矛盾并产生法律问题，而在高校学生自身发展的过程中也离不开法律相关事务，需要通过及时的服务、指导来获得相关高校学生工作体系的帮助。高校学生工作者应当及时帮助高校学生寻求法律援助，依据法律维护自身的权利。

3. 注重学生工作队伍建设，提升工作成效

（1）建立高素质的思政教师队伍。《普通高等学校辅导员队伍建设规定》（以下简称《规定》）于 2006 年 9 月 1 日起施行。《规定》指出，高校学生思想政治教育的中坚力量是高校学生工作队伍，尤其是一线专职辅导员群体，他们是高校学生思想政治教育和日常事务管理工作的主要执行者。《规定》的学习和执行，对高校学生工作队伍来讲，是一个全方位和时代性的学习、实践过程，需要辅导员在工作理念、工作原则和能力结构上不断更新，不断提高，努力成为高校学生的人生导师和学生健康成长的知心朋友。同时，高校辅导员应注重专业化、职业化建设。除高校辅导员外，学生处和团委的专职教师也应纳入思政教师队伍，需要有这样一支原则性强、精干负责的队伍维持高校稳定，担负引导高校学生树立正确的政治态度和人生理想的崇高使命——这是我国高校学生工作的最高目标之一。

（2）强化高校学生组织机构。高校学生组织是指那些具有共同目的、志趣、爱好、利益或其他共同特征的高校学生，按照一定的程序、通过一定的形式自主组织起来的群众性组织。学生组织是学生工作机构中重要的组成部分，是高校管

理要素中不可或缺的部分。高校各级各类学生组织包括学生会、社团和其他学生组织，一般在团委领导下开展活动。高校学生为适应社会发展的需要，不断寻求完善自我、热心参与学生组织的也越来越多，学生组织逐渐成为学生交流思想、增长才干、施展才华的重要平台。要积极引导学生组织参与学校发展，提供必要的资金支持，更好地发挥它们在学生中的组织协调作用。

（3）完善学生干部培养体系。高校学生干部来源于高校学生群体，其思想更为贴近高校学生，更了解高校学生，良好的学生干部体系能更好地带动高校学生发挥主体意识，强化主人翁地位，由此可以更好地实现高校学生开展自我教育、自我管理和自我服务的高校学生工作目标。培养学生干部是大学日常教育管理、学生事务服务的重要环节，同时这项工作也具有很强的系统性和延续性。高校应充分重视学生干部培养的重要性，以思想政治教育为先导，为学生干部培养提供必要的资源支持，争取社会资源和力量，加强与国内高校、相关企业和关联社会团体的合作，通过各种形式的交流、互动学习，促使学校培养的单一模式拓展为"学校—社会"培养的综合模式，优化和丰富学生干部培养的环境和模式。

（4）搭建各类交流平台。思政教师、学生干部均属于学生工作体系的重要组成部分，就目前各高校的学生工作实际而言，鲜有高校为两个队伍搭建沟通交流的平台。思政教师、学生干部所处的环境不同，经常性的沟通有利于把握广大高校学生的思想动态，可进一步提升学生工作成效。高校应当搭建学生工作论坛、学术研究平台、宣传交流平台等，通过各种研讨会的定期举办，搭建思政教师之间、学生干部之间、思政教师与学生干部之间的交流平台，对高校学生工作进行大讨论，开拓视野、创新思路，建立高校学生工作队伍发展的长效机制。

（二）学校社会工作领域

1. 校内困难学生领域

在校学生面临的问题是多方面多层次的。学生问题是一个多因素共同作用的函数，这些因素涉及家庭、学校、社会等方面，当然还包括行动者自身的因素。常出现的问题有：新生学习、生活等方面的适应问题，考前心理焦虑问题，情绪控制能力微弱甚至欠缺问题，以及来自情感生活方面的问题等。问题的普遍性和严重性，以及学校社会工作的性质和功能，决定了解决这些问题需要学校社会工作的卷入。除去这些"问题学生",还有这样一些特殊的学生群体需要被及时地给予关注,如有身体障碍、家庭经济特别困难,以及具有特殊能力的学生群体等。

2. 校内教职工领域

在学生成长的过程中给予学生更多的关注和实质性的帮助,这是学校社会工作者与学校管理层以及直面学生的教职工的共同"职志"。正是由于这一共同的"职志",使学校管理层、教职工群体与社会工作者的合作成为可能,另外,学校社会工作科学、顺利地开展也将使学校管理工作以及教职工的教学、服务工作更容易地开展,可收事半功倍之效,从而在整体上推动学校有机体的良性运行。

3. 学生家长领域

家庭作为社会细胞的性质及其社会功能,以及个体的"双重性"(这里指的是个体既是社会结构中的能动者,同时也是受动者),假定了学生问题与家庭之间的密切相关。在实践中,这一假定也得到了证实。那么学校社会工作的开展就必须关照作为学生问题这一函数的自变量的家庭。学校社会工作顺利有效开展必须得到来自家庭的理解,增进或者促使家庭形成对于学校社会工作的正确认识成为必要。另外,学校社会工作不限于提高家庭对于学校社会工作的正确认识,还要在学校工作的实际开展过程中纳入家庭这一主体。这一纳入,具体来讲,就是在面对学生问题时,要了解学生的家庭环境,争取家长的积极参与,如提供学生家庭生活的信息、协助学校社会工作者开展工作等。

4. 社区领域

社区作为一个功能单位,可以为学校社会工作的开展提供有效的社会资源,是学生问题解决可诉求的重要实体。另外,学校社会工作的有效开展不仅要将社区作为学生问题解决、恢复学生社会功能的重要依凭,而且学校社会工作也有必要以促进社区的发展为目标,因为这一目标与学校社会工作的主要目标并不相悖,并且在逻辑上是可以实现的。

三、基本职能辨析

(一)高校学生工作基本职能

高校学生工作的有效开展要求这一体系必须嵌入学校教育、管理和服务各个层面。高校学生工作的实际参加者可简单区分为主客体两方。高校学生工作的主体是指以高校专职学生工作的工作人员为主，以教师、管理人员以及后勤服务人员为辅的群体，而学生工作的客体则是指在校受教育者，包括各个层级的学生，如本科生、硕士研究生、博士研究生等。基于高校学生工作的主体、客体以及主客体之间的相互关系，可以将高校学生工作的基本目标归纳为思想政治教育、学生事务管理和服务三项职能。

1. 思想政治教育职能

多年来，中国内地高校辅导员群体在贯彻执行党和国家政策、维护学校稳定、促进学生成人成长等方面发挥了重要的作用。辅导员制度的设置不仅是中国社会主义高校的特色，更是中国社会整体发展的需要。在中国内地高校，高校辅导员被称为"政治辅导员"，这一称谓虽说简化了辅导员的功能，但是从另一方面来看，这也有力地反映了高校辅导员的首要职责是做好学生的思想教育工作。

2. 学生事务管理职能

学生事务管理职能是高校辅导员的另一项重要职能。在中国，较之"学生管理""学生教育"等术语，"学生事务管理"是个相对新鲜的称谓。重要的是，"学生事务管理"同传统意义上的"学生教育""学生管理"极为不同，是一个内涵要更为丰富的"现代性"概念和思维。随着社会分工的进一步深化以及学生群体的异质性程度不断提高，学生事务管理的内容也变得更为精细和复杂，从而对高校辅导员提出了更多更高的要求。

3. 服务职能

服务职能是指思想政治教育在学生成长成才、生活、发展等各个方面发挥的作用和功能。服务意识的树立是新时期对辅导员的内在要求。高校学生工作队伍尤其是一线辅导员应该树立"以学生为本，服务学生"的理念，尊重学生，爱护学生，主动为学生排忧解难，为高校学生在校期间的学习、生活和就业及创业提供服务和支持。在高校现有条件和政策下，辅导员的服务职能主要体现在学习和日常生活的服务，心理发展的疏导服务以及职业、学业生涯规划与就业服务三个具体方面。

（二）学校社会工作基本职能

学校社会工作的基本内容主要是指通过专业活动的开展，使高校学生通过自身努力获得以满足他们"一般需要"为主的能力，主要涉及生活、学业、职业和人际关系四个方面。

1. 生活辅导

生活辅导既包括帮助学生树立良好的生活习惯、乐观向上的生活态度，也包括学生的公民意识的培育、基本生活技能的教授等。

2. 学业辅导

学业辅导是相对高校第一课堂而言，学校社会工作着力于帮助学生树立科学的学习态度、不断探索的科学精神，同时，创造良好学习环境、协助高校学生提升学习能力以及指导学生制定科学的学业生涯规划等。

3. 职业辅导

大学学习不同于高中学习，大学学习存在多元化的职业导向性，这一属性决定了学校社会工作者将帮助学生科学合理地制定职业生涯规划、帮助学生寻找适合的工作实习平台、培养学生的专业技能等作为基本职能。

4. 人际关系辅导

随着社会的发展、居民生活水平的不断提高，高校学生的生活质量和生活方式都发生了显著变化。加上独生子女家庭成为多数家庭的基本结构，使多数高校学生步入高校学习、生活时，都或多或少地存在人际交往的困惑，甚至有部分学生会长期存在类似的困惑且自己不能独立应对。类似的情况在国内高校中普遍且长期存在，所以人际关系辅导已经成为学校社会工作者的一项基本职能。

四、工作原则辨析

（一）高校学生工作基本原则

从总体而言，针对各高校学生的特点和各高校的工作环境，各高校学生工作都有不同的学生工作原则，认真分析后可总结为以下几条基本原则。

1. 方向性原则

高校学生工作的主要内容是对学生的日常管理和思想政治教育，是有明确目的和方向的。近年来，高校教育理念有了深刻的变化，高校教育体制也有了一些变动，从观念到器物层面，高校教育正呈现出日益多元化的趋势，但是，中国高等教育的社会主义性质仍然没有改变，坚持社会主义依然是中国高校学生工作开展的准绳。为社会主义建设事业培养合格接班人仍然是中国高等教育的基本任务，作为思想政治教育的前沿阵地，高校学生工作必须服务于这一基本任务。在新时期，高校学生工作依旧是在中国共产党的领导下，以培养合格的中国社会主义接班人为目标，引导学生树立远大抱负，形成正确的人生观、价值观和世界观。

2. 整体性原则

教育是一个整体的系统性工程，作为学校教育重要环节和关键环节的高校学生工作，也必须是一个系统工程。首先，通过把高校学生日常事务管理和思想政治教育工作作为全体教职员工的职责，充分发挥高校育人的整体优势，从而实现全员参与育人。其次，充分发挥高校学生工作在空间结构层次上具有协调性和全面性的优势，将高校学生工作嵌入学校工作的各个层面，实现学生工作对学生群体的全方位覆盖和多层次育人。再次，基于高校学生具有高校学生工作的对象和自我教育的主体的双重属性，通过激励先进、培养学生干部、扶持学生团队等方式，让广大高校学生都参与到高校学生工作中，充分发挥高校学生自我教育、管理和服务功能。最后，良好的家庭教育和积极的社会环境是学校思想政治教育工作的有力支撑。综上所述，必须充分重视家庭教育、社会教育对高校学生工作的影响。通过各种途径建立与高校学生家长多层次、全方位的联系制度，形成一个互相联动、互为依托的良性思想教育互动系统。

3. 针对性原则

高校学生工作直面学生实际问题，从问题出发，开展各种形式、内容多样，层次不一，以针对性为原则的科学合理的活动。人的需要是多层次的，高校学生也不例外。学生作为一种社会存在，享有基本的权利，如自由、平等、受尊重等。除了这些基本的权利或需要，高校学生还有一些更为具体的需要，如良好的学习和生活环境、科学合理的课程设置等。

4. 规范性原则

规范是指根据高校教学和管理需要建立起来的稳定的行为准则，旨在使高校学生工作得以有效有序地开展。通过合理、规范的日常管理把高校的办学理念、办学宗旨及目标传递给学生，从而促进学生正确观念的形成和规范行为的习得。否则，仅仅停留在口号层面，而缺少制度层面的保证是难以顺利有效开展学生工作的。这里会涉及一个问题，那就是规范与学生个性发展之间的矛盾。可以说，科学合理的规范与学生个性的发展并不矛盾。社会学研究的成果告诉我们，越是个性化便越是具有社会性，因为社会高于人而存在，人不仅是有生命的自然存在物，更是有意识的社会存在物。而且，规范并不是僵死的、固定的，而是不断发展的。为此，一套科学合理的规范的建立，对于高校学生工作的开展是必须的也是有益的。

5. 指导服务原则

除教育、管理功能外，高校学生工作还承担着指导、服务的功能。面对日益多样和复杂的学生问题，在加强学校管理与提高学校教育质量的同时，还有必要增强学校工作指导、服务的功能，从而推动学校工作取得实质性的成果。因此，高校学生工作要转变观念，打开思路，执行贯彻服务的理念，从而推动学生工作更好地开展，提高学生工作的实效。具体来讲，可以通过强化心理咨询、举办心理健康讲座来帮助学生消除心理障碍；通过健全奖学金制度以及勤工俭学和特困生补助等制度来解决学生经济方面的问题；通过就业信息的及时提供、就业交流活动的举办以及职业生涯规划增强学生的就业资本；通过名师讲坛、优秀学子交流会等途径解决学生学习过程中遇到的各种困难。总之，当代高校学生工作必须紧跟时代要求，树立服务学生的理念，并且要将之落到实际行动中。

6. 时代性原则

面对深刻变化的社会现实，高校社会工作有必要学习领会新的理念，开发新的执行手段，采用科学合理的工作方法，紧跟时代步伐，开启高校学生工作的新局面。例如，高校工作可以而且也有必要充分借助互联网平台来开展，一方面，可以提高学生工作的效率和质量；另一方面，网络已经成为现代社会的一种生活方式，网络办公也已成为常态。当然，我们也发现，网络给学生的学习和生活带来了很大的负面效应，但我们没有任何理由因噎废食，我们能做的就是正视这一问题，并积极寻求解决之道。另外，高校学生工作还可以借助相关学科，如社会学、心理学、美学等学科的研究成果，丰富高校学生工作的方式，提高高校学生工作的质量和绩效。

（二）学校社会工作基本原则

1. 敬业原则

敬业是社会工作者对社会工作专业和实践的根本态度，是社会工作专业价值的基础，敬业也是一种人生态度，是安身立命的根本。学校社会工作的对象是高校学生及与其相关的教师、家庭和社区，基于高校及高校学生所具有的属性，敬业原则更为重要。

2. 接纳原则

在关于接纳的讨论中，有人提出它与非判断的态度是等价物。其实，接纳不止于此。它不仅拒绝判断，而且积极地追求理解。作为一个积极的动词，接纳意味着接受、相信和尊重。但这并不意味着我们总是要同意其他人的价值观或放弃我们自己的价值观去支持案主的价值观。对于学校社会工作者来说，接纳在实践中经常是有困难的。高校学生尤其是低年级学生，对于高校学习生活的不适应以及对于自身特点和社会现状了解不够全面，往往在某个时刻持有片面的观点或不正确的价值观，当学校社会工作者面对他们的时候，往往会面对接纳的难题。

3. 自决原则

自决即自我决定。在学校社会工作中，自决更多的是针对社会工作者而言。由于在学生社会工作中，作为案主的学生惯性地处于服从或被支配地位，学校社会工作者往往很容易替案主做决定，自决就是提醒学校社会工作者要尊重案主的自我选择和自我决定的权利。

4. 个别化原则

个别化是一种分别逐一对待的方法，非常符合现在高校学生个性化发展的需要。个别化原则要求社会工作者把每个案主都看作是唯一的，不同的案主或同一个案主在不同时期，应该受到不同的对待。个别化原则充分体现了对案主的尊重，根据不同案主或案主所处的时间段不同，要有针对性地制定服务方案。另外，个别化原则也包括了保护每个案主的隐私权，尽可能地满足其保守隐私的需要。

5. 尊敬人原则

尊敬人原则，是社会工作及社会工作者最高的原则，也是接纳、自决和个别化原则的集中体现。作为学校社会工作者，在实际工作中，面对庞大的学生群体，往往会不自觉地忽略这一原则。

五、基本工作模式辨析

（一）高校学生工作基本模式

1. 学生工作体系基本组织结构

一直以来，中国高校学生工作的职能局限于教育和管理学生，工作重心落在对学生的思想教育方面。学生工作者也以管理者的身份为自我认同，在"管理思维"下履行学生工作。虽然各个学校的情况有所不同，但是从总体上看，国内高校学生工作思路基本一致。所以，在这样的工作思路下，各高校的学生工作组织机构一般大致相同。

（1）学校层面配有专职负责学生工作的党委副书记；

（2）介于学院与学校层面之间，一般会有校团委和学生处（党委学生工作部、党委研究生工作部）等两套工作内容部分重叠的行政机构；

（3）学院层面会配有一名专职负责学生事务的党委副书记，副书记之下还会有若干直接管理学生的专、兼职辅导员，从事具体学生事务。

2. 高校学生工作的宏观模式

制度是具有惰性的。作为高校的重要设置，高校学生工作有着一套自身稳定的甚至不免僵化的模式。这些模式大致可划分为三类。模式一：以党委系统为主、行政系统为辅；模式二：党政共同管理，具体为党委领导、行政负责以及院系结合，以院为主。模式三：学校宏观管理，党委学生工作部负总责，各系部主管。三种模式中，第三种模式多为各高校所采用，作为此次研究对象的西北农林科技大学学生工作即采用的第三种模式。

第三种模式中，院系学工干部处于最前线，既是所有学生工作政策的落实者，也是学生工作成果成效的收集和反馈者，所以，在此种模式下，基层学生工作者，尤其是辅导员成为整个学生工作的关键所在。

3. 高校学生工作的微观运行

高校辅导员群体作为学校思想政治工作和学生管理的直接工作人员，是学生在校期间最为"亲近"的群体，是高校学生工作最重要的承担者之一。辅导员的基本任务是在校党委的领导下，依据学校培养目标，结合学生的实际情况，组织、协调各方力量，依凭手中的各种资源对学生进行"教育"。因此，辅导员群体的整体素质在一定程度上影响了高校学生的"表现"。通常而言，每个学院都在党委副书记下设置了学生工作办公室，基本都配备了学生工作秘书（学工秘书、学办主任）一名，协助主管副书记统管学院学生工作。一般情况下，学工秘书每两周开一次例会，学生处会总结前两周的工作成效，并对下两周的工作做总体部署和安排。然后，学工秘书将会议精神和工作安排分别传达给各年级分管辅导员，由辅导员根据实际情况开展实际工作。由于学校层面校团委和学生处是分开办公，学院也设有院团工委书记（一般由二、三年级专职辅导员兼任），与学工秘书工作类似，从校团委领取工作任务，传达给各年级主管辅导员和院学生会，开展实际工作。

至于各项工作任务和计划的落实和开展，没有统一的工作方法和定式，完全凭借辅导员的责任心和以往经验进行。例如，特殊群体的排查，辅导员接到学校排查任务后，完全根据自己的感觉和经验，上报学业和生活困难的学生，由于没有统一的标准、步骤，各学院甚至同学院不同年级上报人员都存在非常大的差异，因此排查结果的准确性完全依靠辅导员的责任心和经验总结。再例如，约谈学生，由于辅导员工作缺少相应的理论支持或缺少专业背景，在约谈学生时，有的辅导员无从下手；有的辅导员谈了很多，了解的有效内容却较少；有的辅导员注意环境选择和心理引导，寥寥数语即可引出学生内心的真实想法。由此可见，辅导员结构的优化与完善将对学生的指导和教育起到十分关键的作用。

（二）学校社会工作基本模式

1. 学校个案工作

学校个案工作的服务对象是全体在校学生，尤其是因遭遇重大挫折而导致情绪和行为问题的学生。学校社会工作者在专业理论和技巧的指导下，对学生仅依靠自身能力和资源条件无法解决的问题提供物质或情感方面的支持与服务，帮助他们解决学习、生活、人际交往和环境适应等方面的问题，从而促进学生的全面发展。

学校个案工作是以矫治的目的为主，旨在帮助适应不良或有行为问题的学生恢复社会功能。从个人角度来看，学校个案工作的主要目的是帮助处于困境中的学生正确认识自己的优势和不足，充分悦纳自己。通过帮助学生建立自信，挖掘自身潜能，提高他们自己解决问题的能力，从而实现全面发展。从社会角度出发，学校社会工作者应保证学生在学校这个小社会里的尊严和权利，满足学生个人发展的需求，减轻因学生个体社会功能失调而给学校带来的消极影响，努力营造公平正义的校园环境，促使学生更好更快地适应学校生活。

2. 学校小组工作

学校小组工作通过社会工作者组织、参与小组活动以及组员之间的互动互助，促使小组成员获得情感支持、改变行为方式、恢复社会功能和提高自身能力，从而实现小组目标，促进学校发展。

基于学生群体个性鲜活的特点，学生小组的类型也有很多。较为常见的学生小组类型有休闲小组、教育性小组、自助性小组和治疗性小组。休闲小组作为学校小组工作最为常见的一种小组类型，具有较强的自发性，它的服务对象是全体在校学生。其通过提供小组活动，让组员掌握休闲的技术并体会到休闲的乐趣，促进学生社会化。教育性小组由具有相同受教育需求的学生组成，通过为小组成员提供各领域内的学习机会，形成相互激励的互动模式，帮助学生更快地掌握知识。自助性小组是由具有相同经历的学生自愿参加而组成的，通过成员间的互帮互助，为负面情绪的宣泄提供情感支持，从而实现小组目标。治疗性小组针对学生在情绪、行为以及人际关系等方面的问题，采用小组互助的形式进行治疗。通过观察小组成员在互动过程中的表现，了解小组成员的需求和困惑，最后采用小组干预的方式来对其进行适当处理。

学校小组工作的基本过程可以划分为四个阶段。第一，计划阶段。在这一阶段，学生社会工作者需要完成的工作有以下几个方面：确立小组目标；评估小组获得支持的程度和组员的能力；招募成员；订立契约；筹备相关资源。第二，初始阶段。该阶段有以下几方面任务：帮助小组成员建立起亲密关系；明确小组目标与功能；建立积极的气氛；收集成员反馈信息等。第三，中期阶段。该阶段的活动主要包括：筹备小组聚会及调整小组目标；建立成员间沟通模式及介入方式；增强成员归属感；调控小组工作进度等。第四，结束阶段。该阶段学校社会工作者的主要任务包括：维持成员改变了的行为和应用学习的技能；调整小组成员的心理状态；协助小组成员为将来的生活制订计划；转介尚未达成个人目标的成员；与小组成员共同讨论此次活动的成效及得失。

3. 学校社区社会工作

高校学生的发展离不开家庭、学校，同样也离不开其生活的社区环境。目前已有一些高校正在尝试使用"学生—学校—家庭—社区"体系的学校社会工作模式，也取得了一定的绩效。学校社区社会工作的理论来源是社会系统理论，这一理论的代表人物是美国社会学家塔尔科特·帕森斯。社区为学生生活提供了必要的资源，也为学生社会功能的发挥提供了平台。理论和现实都支持了这一工作方法的可行性和有效性。只有学校、家庭、社区共同作用，才有可能培养和谐健康的人。

4. 学校社会工作行政

社会工作行政是指学校社会工作者参与到学校教育、管理活动中来。学校社会工作行政包含两个方面的内容，分为学校组织层面的干预和教室管理层面的干预。

学校组织层面的干预包含早期筛检、暴力防范、冲突调适和思想品德教育。早期筛检是指社会工作者利用专门的技术对学生档案进行分析，对于可能引起问题的学生提前给予关注，消除问题产生的各种可能。暴力防范是指社会工作者通过提高学生的认识能力，营造轻松和谐的校园环境，从而防止学生暴力行为的发生。冲突调适是指提高学生情绪控制的能力，提供发泄情绪的途径，培养学生科学合理地解决冲突的能力。

教室管理层面的干预包含预防性教室管理和班级文化。预防性教室管理是指学校社会工作者作为中间人增进学生和教师、家长之间的良性互动。班级文化则是指学校社会工作者帮助学生共同建立积极向上、和谐健康的班级文化。

高校辅导员根据具体情况，科学合理地采用学校个案工作、社会工作行政等专业方法，提高工作质量，增强工作绩效，锻炼和培养自身能力，使自身工作日趋科学化，从而推动学校整体工作的开展，满足学生发展需要。

第二节 社会工作介入高校学生工作的空间

学生在大学阶段会面临着诸多学习和生活问题，而高校传统的工作方法在解决这些问题时存在着一些缺陷，这就为社会工作介入学生工作创造了条件。高校学生在整个大学期间面临的诸多问题都存在着让社会工作介入的空间。

一、介入高校辅导员工作

高校学生思想政治教育辅导员是目前我国高校学生工作最直接的参与者和责任人。在第二章叙述了高校学生在遇到困难和困扰时向辅导员求助的意愿并不高，这主要是因为辅导员运用的是传统的学生工作方法，强调思想教育和动机激励，而且辅导员常常扮演的是管理者的角色，因此学生与辅导员之间存在着一条鸿沟。

社会工作方法丰富多样且具有较好的灵活性，如果高校辅导员采用社会工作方法来进行学生工作，效果将会好得多，因此，高校辅导员工作是社会工作介入高校学生工作的一大空间。

社会工作介入高校辅导员的日常工作，通过社会工作个案工作法、团体工作法、社区工作法等常用方法可以把学生、家庭、学校、社区等连接起来，整合各种资源，全面、健康地促进高校学生成长。

二、介入高校学生思想和心理教育

高校学生在思想和心理方面往往会遇到各种困扰，处理不好便会引发恶果，目前我国高校凸显的问题主要有学生（尤其是大一新生）的适应问题和自杀问题以及大量的偏差行为甚至犯罪行为。

（一）高校学生适应问题

在计划生育政策的影响下，我国很多家庭为独生子女家庭，在独生子女独特的成长条件和我国的应试教育体制影响下，高校学生的自立和自理能力、自制能力等方面都存在或多或少的欠缺，因此在步入大学校园后，许多学生（尤其是新生）在学习和生活的很多方面都会遇到适应问题。

1. 心理落差问题

大学一直被称作"象牙塔"，几乎所有学生都对它抱有美好的幻想，在经过高中三年"苦行僧"般的生活后，进入大学发现很多方面跟自己理想中的不一样，这样就容易产生心理落差，尤其以高中时的尖子生为例，很多学习优秀的学生，在高中时是学校和班级的佼佼者，而进入大学，周围都是同样优秀的人，而且很多学生除了成绩好，没有什么特长，在大学中不再具有优势，也不再是教师关注的对象，这样很容易就产生了心理落差和失落感。

2. 目标缺失问题

高中时，考上大学是每个学生的目标，而进入大学后，短时间内，很多学生不知道自己的目标是什么。没有教师监督自己上课和学习，也没有了早晚自习，出现了大量空闲时间，但是很多学生不知道自己该做什么，于是便出现高校学生沉溺于网络游戏等问题。

3. 沟通交流问题

高校学生来自全国各地，在学校又是以寝室、班级等方式过着集体生活，因此，彼此的生活习惯、语言、习俗、脾气的不同就造成了高校学生之间沟通的障碍。加之，高校学生多数是远离家人和故乡，在一个自己完全陌生的环境中生活，很多高校学生难以迅速融入高校学习生活，形成新的交际圈。这就造成了高校学生的自我封闭、郁闷等心理问题。

高校学生工作的主要任务之一就是解决学生的适应问题。学校社会工作也可以发挥自己的优势，介入这一工作。首先，学生社会工作者可以广泛宣传社会工作助人的价值理念，让高校学生进入助人体系，通过互助来解决适应问题。其次，许多学生的适应问题需要花费较长时间来解决，而传统高校学生工作一般是采用全校集体报告的形式来向学生介绍解决适应问题的办法，而且多为普遍性的问题。因此很多学生的个别问题得不到解决，学校社会工作的个案工作法能有效解决这一问题。最后，高校学生的适应问题往往涉及很多方面，如家庭环境、校园环境等方面，学校社会工作拥有丰富的资源，通过资源的整合可以促进学生适应问题的解决。

（二）其他心理问题

高校传统的学生工作非常重视学生的思想和心理教育，在大多数高校中也开设了心理咨询室；但是，目前我国大部分高校承担学生心理咨询工作的专业人员非常缺乏，这造成高校心理咨询室不能充分发挥其功能，更谈不上主动去接触和深入了解学生，然后有针对性地解决问题，尽量避免学生自杀。除此之外，在校学生有问题时几乎不向心理咨询室求助。另外，高校传统的学生工作都是通过行政管理的方式和学校规章制度的约束来保证学生遵守纪律，它强调的是面向所有学生的工作，从而经常忽略了学生的实际需求。

相比较而言，高校社会工作就能够通过灵活的工作方法和积极主动的调研，了解学生的心理状况和面临的生活压力，然后就学生面临的问题，通过个案工作方法开展积极有效的个案心理疏导，也可以通过团体工作法加强高校学生交流，为其创造心理宣泄的途径和场所，还能够用社区工作法，让学生积极融入社会，在社会中寻求缓解压力、改善心理状况的途径，从而达到预防学生自杀的目的。

（三）偏差和犯罪行为

除上述适应问题和自杀问题外，高校学生在大学阶段也会出现大量的偏差行为，主要的偏差行为有逃课旷课、酗酒生事、上网成瘾、打架斗殴等。更严重的是，高校学生犯罪行为的发生率也在不断升高，盗窃、杀人、吸毒、卖淫等情况在大学校园出现的频率也越来越高。造成高校学生产生偏差和犯罪行为的原因很多，除了学生自身、家庭、社会等因素，高校传统的学生工作方法也是原因之一。

高校传统的学生工作较为关注学生干部和优秀学生，对普通学生的关注并不够，在学生出现偏差行为时，传统的学生工作更注重根据学校规章制度对学生进行惩罚，而不是采用挽救措施，因此学生容易产生破罐子破摔的思想，引起行为的再度恶化，甚至出现犯罪行为。高校传统学生工作在这一领域的缺失为高校社会工作介入提供了空间。

对于高校学生的偏差行为，社会工作可以同时兼顾学校的规章制度和学生的实际需要，注重从学生的角度考虑问题和解决问题。高校社会工作者可以通过平易近人的工作态度获得学生的信任，进而深入了解学生的心理和处境，还能够运用灵活的工作方法协调多方的关系，从而避免学生产生偏差行为。

例如，随着信息技术的高速发展，网络已经成为高校学生学习和生活的重要组成部分，网络在给学生带来便利的同时也引发了一个难题——部分高校学生上网成瘾。高校学生空闲时间较多，课程管理相对较松，加上高校传统的学生工作几乎不涉及学生上网问题的管理，因此，传统的学生工作很少关注有网瘾的在校学生，而高校社会工作却可以通过对高校学生的实际调研访问，找出存在网瘾问题的学生，然后利用多样的方法来帮助这些学生戒除网瘾。团体工作法就是比较有效的方法之一，有网瘾的高校学生一般沉溺于网络虚幻的世界，集体交流较少，而团体工作法可以成立各种小组，引导网瘾学生参与，培养他们的其他兴趣爱好，通过注意力的转移来帮助学生戒掉网瘾；另外通过榜样示范的方法，让已经成功戒掉网瘾的学生在团体活动中与这些有网瘾问题的学生进行交流，通过榜样的作用引导他们树立戒掉网瘾的目标。

高校学生犯罪行为的预防和教育也是高校社会工作可以发挥作用的重要空间。一方面，不同于高校传统被动的心理咨询工作方式，高校社会工作可以积极主动地去了解学生心理，当发现学生有犯罪倾向时可以及时采取相关措施予以教育；另一方面，对于已经有犯罪行为的学生，高校社会工作可以利用社会工作方法，在学校、家庭、监狱等场所对其进行关注和教育，帮助他们消除心理阴影。

三、介入高校学生弱势群体问题

高校学生中的弱势群体是指高校里因先天或后天原因导致的能力或机会的相对缺乏，从而在一定程度上被排斥在一般群体之外的处于相对不利境地的学生群体[①]。在我国高校学生弱势群体最具代表性的是贫困生和残疾生。

---

① 何毅. 从学校社会工作的视角看对高校学生弱势群体的关怀与救助 [J]. 教育育人，2006（11）：18.

(一) 贫困生

贫困生有一般贫困和特别贫困两种类型，关于贫困生的界定，不同地区和高校的界定标准有所差别，但大体上是以高校所在地的平均公民消费水平为参照标准，符合相关条件就可以评定为贫困生。

一般贫困生的评定条件是：学生人均家庭收入和平均月生活费低于3 000元且生活作风良好或父母均下岗、无工作、贫困农村务农，家庭没有固定经济来源的学生。特别贫困生在满足一般贫困生评价条件的基础上，还需要满足以下条件：孤儿、烈士子女、父母因巨大疾病或残疾部分或完全丧失劳动能力、持有"特困证""社会扶助证""最低生活保障证"及学生月平均生活费和人均家庭收入在200元以下的学生。根据相关统计，我国高校学生中贫困生的比重接近30%，大约600万人，其中特困生的比例为10%到15%。[①]这些学生面临着生活和学习的双重压力，在考上大学时，贫困生会为学费发愁，有的学生家庭因此而负债累累，在高校学习生活中，生活费的缺乏将限制他们的交际，在与相对富裕学生的对比下，贫困生在高校学习生活中往往会产生一些心理问题。

传统的高校学生工作实行两级管理，学校和学院虽然都强调贫困生问题的重要性，但是贫困生的管理是分散的，各个部分缺乏有效沟通，这就造成许多高校贫困生问题缺乏专门的解决机构，具体措施执行难。传统高校学生工作在解决贫困生问题上经常是通过主动的单向帮扶，比如高校各种以贫困生为对象的奖学金、助学金的设立，这往往忽视了学生的参与和心理需求，另外，传统高校学生工作更突出临时性的帮助和支持，不能有效培养贫困生的长期发展能力。

高校社会工作通过专门的机构和工作方法，整合多种资源来有效解决贫困生问题。例如，调动社会资源，为贫困生提供社会实践和兼职的工作机会，以团体工作法对贫困生进行心理辅导，强化其互助意识，这样不仅能帮助贫困生解决现实的困难，也能锻炼其长期发展的能力。例如，家教是在校学生的一个重要兼职工作，高校社会工作者可以提前收集有家教需求的家庭和孩子的信息，提供给贫困生，并根据贫困生的心理、经济、专业情况，合理配对，为贫困生提供家教机

---

① 迟丽杰，孙亚飞. 新时期高校贫困问题研究及对策[J]. 辽宁教育行政学院学报，2009 (5)：122–124.

会，这样不仅可以解决贫困生的经济困难，也可以通过家教锻炼其语言表达、人际沟通等多种能力。因此，高校贫困生工作为社会工作介入高校的一个空间。

（二）残疾生

在我国高校，残疾生主要面临自卑、偏激、冷漠、逆反等心理问题，以及生活不便、就业困难等问题。与对待贫困生类似，传统的高校学生工作在解决残疾生问题时，也主要采用主动的单向帮扶和临时性的资助等方式。这对残疾生主要问题的解决并不是很有效，因此，高校学生工作也可以进入这一空间。

残疾生就业难是其面临的最为突出的问题，由于用人单位的歧视等，高校残疾生的就业异常困难。高校社会工作者可以凭借自己助人的价值理念和非学校官方机构的优势，通过团体工作法，为残疾生举办就业指导和就业技能培训，在团体中，让成功就业的残疾生传授经验，通过交流提升在校残疾生的就业信心等。除此之外，高校社会工作可以利用社区工作法，在社会中广泛宣传高校残疾生的权益保护知识，也可以利用高校社会工作掌握的丰富资源，为残疾生提供就业信息和机会。

四、介入高校少数民族学生问题

近年来，我国经济在高速发展的同时，区域经济发展的差异也越来越大，其中以中西部差距尤为突出，而西部地区是我国少数民族聚居区，西部大开发政策实施以来，西部地区也有了较大发展，其中少数民族学生进入大学学习的机会越来越多，而少数民族学生由于民族生活习惯和习俗、语言、宗教信仰、民族文化的特殊性，在汉族学生为主体的高校中往往会产生一些问题。另外，少数民族学生多来自中西部，家庭经济条件较差，学习能力和知识积累也相对弱于其他学生，因此，高校中的少数民族学生常会产生孤独感、自卑感。

高校传统的学生工作对待少数民族学生与汉族学生并没有太多的差别，也是强调统一的，以全体学生为工作对象的形式。高校少数民族学生问题也是社会工作介入的空间之一。高校学生工作可以凭借其价值理念，在尊重少数民族学生生活习俗和宗教信仰等特殊情况的基础上，通过双向沟通深入了解少数民族学生的心理状况和学习生活情况，然后对存在问题的学生进行个案工作。除此之外，高校社会工作还可以通过团体工作法，组织同一高校、同一城市、同一地区的同一民族的学生开展具有其民族特色的活动，缓解其孤独感，也可以通过交流互相鼓劲，树立信心，共同解决面临的问题。

五、介入高校学生安全问题与寝室管理

随着高校的逐渐公开化、社会化和高校学生思想价值的多元化，高校学生的安全问题也逐渐凸显出来，因此高校学生安全教育也是高校社会工作的重要介入空间。

高校传统的学生工作在安全问题上也是以管理为主，注重维护学校的稳定和学校内部的安全预防，而长期忽视学生的安全教育问题，大部分高校只有在放假或出现重大安全事故时才会对学生进行安全教育，教育也仍然是以全体学生为对象。另外，高校安全教育的任务主要是由辅导员承担，缺乏专业的安全教育人员。因此，高校传统的学生工作很难满足安全教育的需要。高校社会工作可以通过资源整合，加强学生与社会的联系，邀请安全工作者，如武警、消防员等到学校给学生讲授安全知识和在遇到安全问题时可采取的避险方式和方法。除此之外，社会工作的价值理念、个案和团体工作方法都具有良好的教育效果。

第三节　学校社会工作嵌入高校学生工作

一、学校社会工作嵌入高校学生工作的可行性

学校社会工作嵌入的内部可行性主要与专业的快速发展有关；同时，在新时代的发展要求和政府购买等因素的加持下，学校社会工作嵌入高校学生工作有了外部可行性。

（一）内部可行性

1. 服务对象上的契合度

学校社会工作与高校学生工作都是围绕高校在校生来开展的，都以培养出人

格健全、能力出众的优秀人才为目标。但是，近年来高校学生工作也面临很多挑战，如西方价值观的冲击、更加鲜明的学生性格等。学校社会工作的个别化原则，能够应对群体的变化和需求。①

2. 价值观念上的契合度

在我国，社会工作的价值体系主要受中国古代传统价值及当前主流价值观的综合影响（"仁爱"思想、"兼爱"思想以及当代的社会主义核心价值观等）。社会价值观，即主流价值观，该价值观随着时代不断发展变化，高校学生工作同样是以主流价值观为导向，对高校学生进行思政教育，进而帮助学生树立正确的人生观、世界观；专业价值层面，社会工作强调助人自助，实现个人对社会的适应，而高校学生工作最终的着眼点也是学生的社会属性和社会价值。基于此，两者在价值观上具有较高的契合度。②

3. 具体方法上的契合度

其实，在我国高校学生工作多元化阶段，已经形成了具有中国特色的个案工作、小组工作、社区工作。同时，我国学校工作虽然有了"上海经验""深圳模式"等专业实践，但这些都是围绕中小学进行的，相比之下，高校学生群体的需求被忽视，不过这也为高校社会工作提供了空间。因此，无论从历史还是现实来看，学校社会工作的专业方法都具有很高的可行性。

（二）外部可行性

1. 时代诉求

学校社会工作的发生和发展，根本原因是社会的剧烈变迁所带来的大量青少年成长问题。由此，在这样一个更加关注学生个体需求和成长的新时代，社会工作必定大有可为。

2. 政策导向

2006年，中共中央做出了建设宏大社会工作人才队伍的战略决策；2011年，中央部委联合发布了《关于加强社会工作专业人才队伍建设的意见》，为社会工

---

① 高潮，彭丽媛. 学校社会工作嵌入高校学生工作治理的可行性与现实路径 [J]. 学校党建与思想教育，2016（18）：47-50.

② 张栗. 学校社会工作介入高校学生工作的路径研究 [D]. 大连：大连海事大学，2017.

作人才建设指明了方向。①2016 年，习近平总书记在全国高校思政工作会议上指出，做好高校学生工作要有机制合力的构建观念和技术植入的创新观念，而社会工作作为有效治理的手段和机制，不仅拥有专业的技术，还有一整套价值体系，能够完美地融入高校思政工作，同高校学生工作形成机制合力。

3. 发展趋势

（1）社会工作人才队伍不断壮大。随着一系列推动社会工作发展政策的出台，众多院校顺应社会需要，纷纷开设社会工作专业，每年培养近万名社会工作专业毕业生，为学校社会工作嵌入高校学生工作奠定了人才基础。

（2）购买服务的力度不断加大。学校社会工作在我国恢复和发展的初期，是由非政府组织（香港世界宣明会——中国）购买服务，后来政府和基金会开始参与进来；2008—2011 年，广州市政府购买服务的资金从 400 万元增加到 8 000 万元；2012 年，民政部、财政部联合出台《关于政府购买社会工作服务的指导意见》②，这是第一次对政府购买社工服务进行制度设计，由此形成了以政府为主导、多元的服务购买体系，政府购买服务力度的加大为学校社会工作的嵌入奠定了资金基础。③

事实上，当我们找准学校社会工作的定位后，社会工作无论从专业方法、价值理念还是外部环境方面，都已经具备了嵌入高校学生工作的可能性。同时，开设社会工作专业的高校，聚集了一批社会工作人才，完全有条件在其所在的高校开展社会工作服务。

二、学校社会工作嵌入我国高校学生工作的挑战

（一）学校社会工作专业发展上的挑战

1. 社会工作认知度偏低

在中国知网中检索"社会工作认知度"，有四篇相关文章对市民群体、学生群体和社会工作专业高校学生群体进行了调查研究，通过对四篇文章的整合分

---

① 李迎生，李冰. 走向系统：近十年来中国社会工作政策发展的轨迹 [J]. 社会科学，2016（12）：74–83.
② 戴均良. 从全局高度重视并推进企业社会工作 [J]. 社会与公益，2014（5）：37.
③ 史柏年. 全国性政府购买社工服务制度建立和运行实施元年 [J]. 中国社会工作，2013（1）：1.

析，笔者发现社会公众对社会工作认知度较低，主要体现在以下几个方面。①

第一，绝大多数被调查者对社会工作不太了解，在此之前没怎么听说过；少部分被调查者对社会工作有一些了解，但也仅仅停留在自我认识层面，简单地将社会工作和志愿服务、义工画等号；没有人认为自己对社会工作很了解。②

第二，绝大部分社会工作专业的学生在入学前对社会工作这个专业缺乏了解，他们大多是被调剂到社会工作专业，只有小部分学生的第一志愿是社会工作。

第三，对社会工作的专业认同感偏弱，社会工作专业的学生对社会工作专业的职业化没有信心，缺乏认同感，对最终的学业结果持有疑虑。③

无论从公众视角还是专业视角，社会工作在中国的本土化进程较为缓慢，民间对其了解较少，专业上学生对其缺乏信心，这些问题更容易成为学校社会工作嵌入过程中的障碍。④

2. 社会工作培养方案的滞后性

笔者通过对上海大学、首都师范大学、桂林理工大学、西南大学、深圳大学社会工作专业本科培养方案的对比发现，其培养方案包含公共必修课程、公共选修课程、专业必修课程和专业选修课程四大课程体系，其中专业必修课程是以心理学概论、社会学、社会工作导论、个案工作等为代表的课程，而学校社会工作被归入专业选修课程之中，但是除首都师范大学将学校社会工作纳入专业方向必修课程外，学校社会工作很难从20多门选修课程中被选中。

虽然，学校社会工作作为社会工作的学科和实务分支之一，适用于社会工作的三大工作方法和相关技巧，但是因其服务群体的特殊性也决定了学校社会工作的特殊性。然而随着时代的发展，学生的培养和教育日益重要，但是培养方案从目前来看尚未跟上时代的脚步，这将造成学校社会工作在嵌入过程中，专业性会有所欠缺，因此应该提高学校社会工作在专业选修课程体系中的地位和作用。

---

① 时玥. 关于社会大众对社会工作认知情况的调查分析 [J]. 社会发展，2011（13）.
② 温蓉. 社会工作专业本科生专业认知状况调研：以西北民族大学为例 [J]. 西部教育，2016（27）：44-45.
③ 刘诗琪. 社会工作认知现状调查分析及建议 [J]. 教育前沿，2016（30）：290-291.
④ 盛丹阳. 城市居民的社会工作认知：基于西安市105位居民的访谈分析 [J]. 新西部，2016（27）：27-28.

(二)职业化和制度化的冲突

相较于我国社会工作的发展,学校社会工作的发展更为缓慢,已知的有一定规模的就是"上海经验"和"深圳模式",到目前为止仍然在探索中前进;而我国高校学生工作一直随着我国高等教育不断发展,逐渐形成了以党委系统为主、行政为辅,学生工作者对学生开展思政教育和日常管理工作的体制;另外,从深层次来看,社会工作从一开始就是体制外的产物,而高校学生工作系统则是体制内产物,由外入内难免会遇到阻碍。

同时,学校社会工作的内容也与高校学生工作的内容存在交叉,例如小组工作和社团活动、心理咨询和个案辅导等,这样一来社会工作的嵌入就会与原来工作体制产生冲突,如何平衡这些关系,实现职业和制度的共融共生,是嵌入过程中的重要工作。

(三)学校社会工作者的角色困境

内容上的冲突容易造成一系列连锁反应,最直接的就是导致学校社会工作者的角色困境。这种角色困境是由两方面造成的,一方面是高校学校社会工作者在实际工作过程中,其角色会与高校辅导员、心理咨询师的角色有所重合,能力和经验的不足会导致在角色转换的时候力不从心,怀疑自身的价值和作用;另一方面,是服务对象给学校社会工作者带来的角色困境,高校学生适应了师生关系,虽然在原则上师生关系是一种平等关系,但在传统文化和教育体制背景下,教师工作者仍处于主导地位,然而这种关系对学校社会工作者来说,是违背其价值理念的,因此如何定位学生带给的角色,是师生、朋友,还是其他关系,显得尤为重要。

三、学校社会工作嵌入高校学生工作的路径选择

在面对学校社会工作嵌入的挑战时,要做好社会工作的宣传倡导工作,做好教育行政管理者的工作;要同教师、辅导员、心理咨询师合作,通过实践和经验积累,促进社会工作的嵌入;要注重社会工作的普惠性,兼顾困难、特殊群体和一般学生群体的需求。在发展策略和嵌入路径上,可以探索多种路径相结合的方式。

(一)嵌入原则

高校学校社会工作的工作原则是其价值体系的具体表现,是方向和价值观的

指引，因此应遵循以下价值原则。①

1. 个别化原则

个别化原则强调充分尊重高校学生的个体差异，有针对性地评估高校学生的需要，为其制定个性化服务方案，提高服务的质量和效率。

2. 助人自助原则

这一原则是指，学校社会工作者要协助高校学生充分了解自己的问题和需要，共同分析原因，探讨解决问题的途径，尊重服务对象自决，从而达到共同成长、共同进步的目标。

3. 接纳原则

学校社会工作者要无条件地接纳学生的生命状况，接纳其思想、意愿和感受，不能带有有色价值观，更不能以自己的价值观去引导服务对象。

4. 理智原则

学校社会工作者应该有目的地表达情绪和有效控制自己情感的投入，在保持专业关系的基础上，处理好共情和移情的关系。

5. 保密原则

学校社会工作者要严格遵守和服务对象之间的约定，对于涉及有关服务对象的信息，要严格保密。

6. 资源整合原则

学校社会工作者应立足"人在情境中"理论，连接并有效利用各个系统资源为学生提供服务，协助学生建立稳固的支持系统。

（二）嵌入方法

学校社会工作嵌入高校学生工作的具体方法主要包括个案工作、小组工作以及综合性服务三类。

1. 个案工作

个案工作的服务对象主要以高校学生为主，即学校社会工作者通过与高校学生建立专业关系，运用相关专业知识和技术，协助学生发掘潜能，走出困境。个

---

① 许莉娅. 学校社会工作 [M]. 北京：高等教育出版社，2009.

案工作中最为关键的是对服务对象的接纳，既要接纳优点，也要接纳缺点。但接纳并不意味着完全肯定服务对象的价值观和行为，最主要的目的是让其对社会工作者产生信任感和安全感，提高个案工作效率，从而促使他们重新审视自己，发现自己的人生价值。

2. 小组工作

小组工作是针对具有类似问题或需要的高校学生群体，运用小组方法，充分发挥群体效应的优势，在组员之间形成互助网络。小组的主要类别有成长小组、发展小组等。例如北京大学开展的"高校学生体验成长小组"、中国青年政治学院开展的"高校学生人际关系小组""新生适应小组"等，取得了良好的服务效果。

3. 综合性服务

综合性服务包括综合性活动和咨询服务。综合性活动主要是以演讲、讲座、素质拓展、文体活动等多样化的形式来协助高校学生健全人格和构建价值观。在设计这些活动时，要融入社会工作的元素，要与高校"立德树人"的教育理念和思政教育工作的要求有机结合，创新社会工作和思政教育方式，形成机制合力；咨询服务主要是为学生提供情感和心理上的支持，力所能及地协助学生解决心理、学业和就业方面的问题，对于能力范围外的，要及时进行反馈和转介给其他校园系统。[①]

（三）嵌入路径

1. 建立常态化社会工作宣传机制

在前面提到的学校社会工作嵌入所面临的挑战，如认知度偏低、职业化和制度化冲突、角色困境等，都与社会工作的宣传不到位有关。

首先，宣传工作不到位导致公众、学生对社会工作不了解，间接地影响到学生的专业选择、职业选择；其次，学校的行政管理者、教师、辅导员也缺乏对社会工作的认知，加深了职业化和制度化冲突，增加了学校社会工作者对自身角色认同的压力。因此，建立常态化的社会工作宣传机制，是嵌入过程中的关键环节，

---

① 许莉娅. 学校社会工作[M]. 北京：高等教育出版社，2009.

应从以下几方面着手。

第一，建立常态化宣传周。充分利用大学开学季和国际社工日这两个时间节点，主要考虑到开学季带给高校学生的新鲜感和人群密集度，而社工日具有主题性和节日感，在这样的时间节点进行宣传更容易起到事半功倍的效果；宣传的主体以学校社工为主，志愿者为辅，视情况可以扩展到学生群体（包括社团等学生组织），宣传内容应根据时间节点的选择做出具有针对性的宣传策略，比如开学季的宣传活动以服务性宣传为主，即通过为新生提供各种服务的形式，让其更直观、更真实地感受社会工作；国际社工日则以主题宣传为主，可以融入新潮的宣传形式，如"社工＋思政＋快闪"，形成机制合力。

第二，打造全方位宣传系统。线上系统，利用微信公众号、微博、抖音、微视等网络新媒体，结合学校社会工作的内容，为高校学生推送富有趣味性、知识性、教育性的文章、视频，寓教于乐；线下系统，与学生组织合作，以"社工＋活动"的形式，开展富有社会工作特点的学生活动；与校园纸媒（校报）合作，以发文或征文的形式，分享社工知识、故事等；与思政系统合作，丰富思政教育的形式，将政治性要求和主流价值观思想融入社会工作的实务中，充分利用好第二课堂。

2. 加强学校社会工作专业教育

前面对本科社会工作专业培养方案的分析，可以看出除少数师范类院校开设学校社会工作课程外，大多数高校并没有开设学校社会工作的课程，有的也只是作为众多选修课程中的一个选择，但大多数学生都偏爱青少年社会工作、家庭社会工作等热门选修课，而学校社会工作大多不会进入最终的选课列表，这将导致进入高校的学校社会工作者在专业能力上有所不足，进而影响服务的效果和质量，学校社会工作的信赖度也会大打折扣。基于此，加强学校社会工作的专业教育显得尤为重要，毕竟专业的社工人才是顺利嵌入的重要前提。

首先，将学校社会工作相关课程列为必选课，提高其首选度。首都师范大学将"学校与青少年社会工作"列为专业方向必修课程，取得了良好的效果；南开大学开设的"服务学习"作为公选课，反响强烈。各高校应根据实际情况，将学校社会工作系列课程作为专业必修课或者公选课程。

其次，借鉴相关师范类高校的培养经验，提高实务环节的可操作性。目前，大多数有社会工作专业硕士授权点的高校，其研究生培养方向以儿童青少年社会工作、社区社会工作（社区管理与社区服务、社区发展）、老年社会工作、残疾人社会工作等为主，将学校社会工作作为培养方向的高校并不多，少数的师范类院校会将此列为重点培养方向，这一方面可以借鉴北京师范大学的相关经验（该校已经形成比较成熟系统的培养体系）；同时其他高校根据本校情况，在社会工作专业硕士培养方向上增设学校社会工作方向，培养学校社会工作领域的专门人才，形成合力，提高学校社会工作者的专业水平，扩大社会工作的专业影响力。

3. 因校制宜，推进高校学生工作试点

国外社会工作的发展走的是一条先实务后专业的道路，而我国社会工作走的则是先专业后实务的道路，这两条路并没有什么优劣之分，说到底都是顺应了当时的时代背景和本国的现实情况。因此，我国可以根据社会工作的发展特点，因校制宜地选择适合我国学校社会工作发展的道路，对我国的地区差异、学校差异、经济社会发展状况、资源配置水平等方面做出综合评估，以方便学校社会工作试点工作的推进。鉴于我国社会工作走的是先专业后实务的道路，我们可以先从专业入手。

目前，我国进行社会工作专业教育的高校已经达到了一定的规模，完全可以满足高校学生社会工作的试点需要。从专业的角度出发，在这些高校中选择一些具有代表性的高校并在其本校开展试点，不仅可以为试点开展工作提供强大的专业支撑，而且可以极大地减少开展试点的成本，更重要的是有利于提高解决问题的效率，加快试点成果的转化。

除了从专业角度入手，还应考虑相关政策的支持力度。社会工作教育界，特别是高校社会工作系的教授、学者要积极地向学校行政管理部门的领导和上级教育主管部门进行政策倡导，争取成立学校社会工作的管理机构，有条件的学校可成立社会工作服务中心。

通过一定的试点周期，对试点工作进行科学的评估和反馈，检验试点单位的实际效果，总结工作经验，修正工作偏差，条件成熟时推动成果的全面转化。

4. 构建"问题—学生—社区"导向的工作模式

（1）问题导向。这种工作模式偏重于从问题入手，更为直接，主要通过个案或小组的方法，为有需求的学生提供服务，其工作路径一般采取对心理状况进行评估，根据心理异常程度，分析原因，然后进行处理和治疗，通常运用同理心、情绪疏导、调整认知和行为训练等技巧。这种导向的工作模式，能够使初期的嵌入更有效果，为社工服务的进一步开展打下基础。

（2）学生导向。该导向开始将工作的重点转向高校学生本身，对学生的学习、生活进行全面介入，发掘学生的潜能，从而使学生能够获得最大、最充分的发展。这种导向克服了学校社会工作嵌入初始阶段只注重问题视角的弊端，能够与学生建立更加稳定、可靠的专业关系，采用的工作方式主要有心理辅导、学业辅导、职业生涯规划等较为全面的辅导。

（3）社区导向。这种导向对学生的服务进行了进一步的拓展，由校内到校外，由校园到社区。这是学校社会工作发展的必然结果，是嵌入进入成熟阶段的具体表现。这种导向强调家庭、学校、社区之间的密切合作和交流，从而实现学校、家庭和社区的教育功能，尤其是注重发挥家庭和社区的功能。采用的方法主要有：为家庭和社区提供服务，将学校教育、社工理念融入家庭和社区服务中，从而优化原生家庭的模式，完善社区环境；为离校学生提供追踪服务，协调各类教育机构的关系，推进社区教育大众化。

从问题到学生再到社区的工作导向的变化发展，分别体现了嵌入阶段的前期、中期和后期。但是，这并不意味着进入了成熟阶段，之前导向的工作模式就被弃用了，它们三者之间的关系应该是你中有我，我中有你，相融相通的。

5. 推进"外嵌式"与"内嵌式"的融合发展

（1）外嵌式。所谓"外嵌式"嵌入是指从高校教育系统体制以外进行嵌入，即体制外的社工服务方式，主要表现为以政府购买服务的形式，社工机构委派学校社会工作者进入高校开展服务。制度外嵌入需要有成熟的社工机构、专业的社工人才、多元化的资金来源（政府、基金会、NGO 组织等），这样更有利于高校社会工作服务的持续开展。这种嵌入方式，使学校社会工作者的身份更加中立、客观，具有较高的独立性和自由度，能够更好地运用社会工作的价值理念和方法，更好地调动各方资源，从而实现学校社会工作与高校学生工作之间的融合发展，形成机制合力，实现立德树人的教育目标。同时，体制外嵌入也有助于高校学生管理体制的不断革新和完善。①

（2）内嵌式。所谓"内嵌式"嵌入是指从高校教育系统内部进行嵌入。体制内的嵌入路径一般而言分为两种。一种是最为直接的，通过选拔高校内部的学生工作者（包括辅导员、心理咨询师等）参加学校社会工作的相关理论、技能的培训，使他们掌握基本的价值理念、技术和方法，从而为本校学生提供服务；另外一种是在高校学生工作系统下设立学校社会工作的岗位，学校社会工作者从属于学生工作，但是随着我国新一轮的事业单位改变，高校等事业单位逐渐由事业编制改为聘任制，相对封闭固化的高校体制将会更加灵活，这更是学校社会工作者嵌入高校学生工作的绝佳契机。因此，无论是高校行政管理者，或是教育主管部门，还是社会工作专业发展相关的组织、学者，都应该抓住这个机会，推动政策落地，为学校社会工作嵌入高校学生工作提供便利条件。②

总的来说，外嵌式和内嵌式各有优劣，不能说单纯采用哪种方式。因为从总的发展方向看，应积极推进"外嵌式"与"内嵌式"的融合，不断发展高校社会工作，从而建立起有中国特色的高校学校社会工作制度。

---

①② 王思斌.积极促进我国学校社会工作的发展[J]. 中国社会工作，2018（28）：61.

第四章

高校院系学生工作管理系统分析与设计

第一节 需求分析

系统需求[①]是指用户期望系统实现的整体功能。是使用者对系统进行的规划。下面根据高校教师对学生工作管理系统的业务需求,在进行抽象梳理后,最终形成可以指导后续设计工作的说明文档。

一、系统目标

高校学生工作管理系统是一个以管理和维护学生基本信息为主体,同时实现财务处收费缴费管理、学籍档案管理、奖励惩罚管理、助研助工管理、党团活动管理、后勤宿舍管理等各种学生动态信息管理的智能管理系统。它的成功开发将显著提高各种业务的处理效率,实现大型机构内部各个部门的准确对接,并有助于操作流程和操作步骤的规范统一,实现信息的精准性、实时性,从而使各种资源能够高效合理地利用,实现精细化管理。

(1)本系统能够提供友好的工作界面和基于管理实践的人性化操作,各类提示简单清晰,使用户最大限度地从复杂的操作步骤或繁杂的流程中解脱出来,高效地工作。

---

① 余文芳,张文博,廖非凡. 基于ASP.net的三层开发架构应用探讨[J]. 软件导刊,2008(8).

（2）系统应该具有良好的可扩充性、灵活性，能够适应实际学生工作管理中的变化。

（3）系统应具有良好的运行效率，在实际学生工作管理中能够准确高效地处理大量数据，实现用户对各类管理数据的需求。

（4）容错性强，突发事件不会导致系统瘫痪，进而影响学校工作的正常进行。

（5）安全性强，能够安全地管理学生信息和学校资源，不会造成学生的隐私泄露或教学安全事故，比如篡改考试成绩、修改奖学金信息等。

（6）加快学校的信息化管理，提高学生工作管理的智能化程度。

二、系统的可行性分析

根据对高校学生工作管理实际业务的调查结果，同时结合学工管理的实际需要，可以更有针对性地设计出用户需要的产品，也可以节省开发前期的人力物力，避免不必要的花费，下面从3个方面分析系统可行性。

（一）经济可行性分析

一般高校本身都具有人员总量大、学生专业种类繁多、学科设置种类繁多、个体情况复杂（比如每位学生的课程、成绩、学杂费、奖学金情况都不同；教师也具有各不相同的特征）等特点。这种复杂的个体情况便造成了巨大的信息量，而与之对应的就是这些数据的记录保存与处理操作，如果使用传统的记录、统计方式无疑将造成巨大的人力物力浪费，而进行学生工作管理系统的开发工作虽然也有一定成本，但是其带来的便利与高效是非常可观的。

（二）学校自身需求可行性分析

实现了学生工作管理的电子化、智能化将有效带动学校各个部门的工作效率，便于学校整体的行政管理，实现学生管理的一体化，符合信息化时代下建设先进大学的办学理念。既降低了教师工作的复杂程度又方便了学生，提高了学校整体服务师生的水平。

（三）方案可行性分析

无论是从目前技术的成熟条件还是工作人员对计算机软硬件知识的掌握程度来讲，该系统的成功开发都将有利于提升学校的行政管理水平，大幅提高工作效率，所以此方案是可行的。

综合以上几方面的分析，该系统在经济层面、自身需求层面、方案层面都是可行的，并且通用性较强，具有良好的适用性和实用性，所以开发此系统是可行的。

三、总体用例分析

综合学校实际的考察结果，学工管理系统主要涉及以下几种业务：权限管理、学籍档案管理、收缴费管理、奖励惩罚管理、助研助工管理、党团管理、宿舍管理。

主要涉及的岗位有以下几种。

（1）系统管理员：主要负责系统基础数据、操作日志、用户权限的维护。

（2）学工处：主要负责学生收费、勤工俭学等各方面工作细则的制定和审批。

（3）财务处：主要负责学校的日常开支以及对在校学生学杂费的收取和记录存档操作，保证学生正常的学习生活。

（4）后勤处：后勤处主要负责学生住宿、食堂、商业的管理，系统内主要实现对学生宿舍的管理。

（5）辅导员：主要负责帮助学生完成日常事务的处理，包括学生申请勤工岗位等操作。

（6）团委：主要负责学生党团活动的管理，包括入党管理并组织各个党团活动以及党费的管理和记录工作。

系统总体用例建模如图4-1所示。

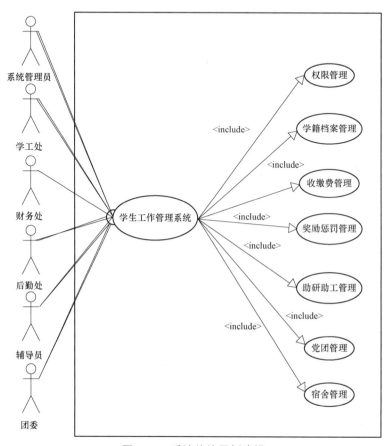

图 4-1 系统总体用例建模

第二节 系统建模与系统功能需求

一、主要用例建模

用例[①]是用来描述软件的功能的一种方法,是系统开始设计的第一步操作。

---

① 李建华. 基于.net 的三层结构 [J]. 软件导刊, 2007 (5).

参与者表示系统用户的角色。下面具体分析各个用例。

（一）用户管理用例

根据学生工作实践权限，用户分为各级领导、辅导员、学校各职能部门、系统管理员。

各级领导主要是指校、院、系各级领导，主要负责对全校整体数据的浏览、查看相关统计报表，以及根据各自权限的审核工作。

辅导员主要负责对其负责院系、专业的学生工作进行流程管理。

学校各职能部门（如学工处）主要负责管理全校学生的奖励情况、处分情况、奖学金发放、毕业条件审查以及其他特殊情况。还包括招生就业处、财务处、后勤等职能部门。

系统管理员主要负责用户的创建、权限的分配、初始参数的设定、系统参数的设置和调整、系统的维护等。用户管理用例如图4-2所示。

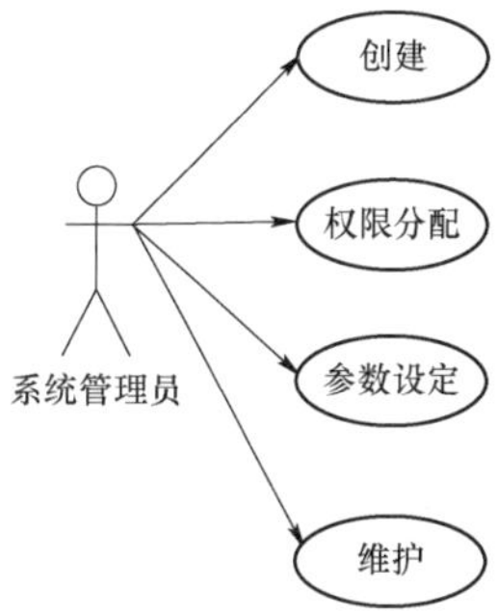

图4-2 用户管理用例

（二）学籍档案管理用例

学籍是学校学生管理中最重要的基础数据资料，因此规范地管理和维护这些数据也成为系统的重要工作之一，学籍档案管理的目标是：

（1）实现在校学生的档案、学籍的管理及维护，包括各种查询、修改、统计报表功能。

（2）可以根据用户的需要进行批量或单一地维护。

（3）可以批量导入新生学籍，或者和教育局系统对接直接导入高考录取信息，避免重复劳动。

（4）根据学校相关规定为学生自动编排学号，并可以根据需要随时修改学号。

（5）可根据上级领导或上级部门检查要求生成相关报表、统计表。

学籍档案管理用例如图4-3所示。

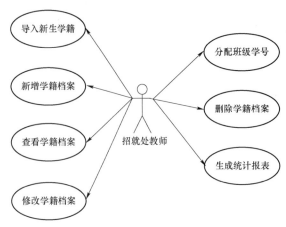

图 4-3 学籍档案管理用例

学籍管理的关键用例说明如表 4-1～表 4-3 所示。

表 4-1 导入新生学籍档案用例

用例名称	导入新生学籍档案
用例描述	教师根据高考录取结果批量导入拟录取学生生成学籍
参与者	招生就业处工作人员
前置条件	已得到拟录取学生的高考投档档案和各院系拟录取结果
后置条件	可对在档学生按照专业自动分配班级、学号，批量或单独修改学生信息
基本操作流程	（1）系统根据投档档案和拟录取的名单筛选出相关档案信息 （2）根据新生档案批量新建学籍信息 （3）保存档案
可选操作流程	无
涉及业务实体	学生档案信息，高考成绩，高考填报志愿，院系录取结果

表 4-2 查看学籍档案用例

用例名称	查看学籍档案
用例描述	查询学生学籍信息
参与者	招生就业处工作人员
前置条件	无
后置条件	查询信息后可进行输出打印，得到批准可以修改
基本操作流程	（1）输入单条、多条查询条件或无条件查询 （2）得到查询结果
可选操作流程	无
涉及业务实体	学生学籍档案

表 4-3 新增学籍档案用例

用例名称	新增学籍档案
用例描述	新建新生入学学籍档案
参与者	招生就业处工作人员
前置条件	获得学生信息和建档权限
后置条件	可以修改学籍信息
基本操作流程	（1）新建学籍录入姓名、性别、籍贯等基本信息 （2）设置所学专业、班级、学号等信息 （3）保存档案
可选操作流程	无
涉及业务实体	学生档案信息、高考成绩、高考填报志愿、院系录取结果

（三）财务处收缴费用例

收费管理是一个学校重要的管理内容，它是保障学校正常运作的前提条件，收费管理主要负责学生各类费用（主要包括学费、杂费、住宿费、书本费等）的管理，主要涉及设定收费标准、调整学生收费、管理学生收费、管理缴费状态等情况。具体来说：

（1）分年级、专业、班级、个人设置学费标准。教育改革后学生收费标准十分灵活，可能相同班级不同的来源地区学费情况不同，并且学生由于存在降级、转专业等学籍异动情况，所以要求学费标准必须细化到学生个人。

（2）收费调整管理。在实际的学生工作管理中由于存在特困生、奖学金、教育资助等情况，系统提供收费调整管理，可按学生个人情况进行收费调整。

（3）学生收费管理。系统提供按班级批量收费同时也提供按学生个人进行收费等功能，收费完成后系统自动打印当地教育局规定的缴费凭证。

（4）学生缴费状态管理。系统提供学生缴费状态查询功能，并且提供绿色通道管理。

（5）对于恶意欠费学生进行系统使用限制。

（6）提供多种收费统计报表。如分院系按班级统计欠交学杂费情况、减免学费情况。

财务处收缴费用例如图4-4所示。

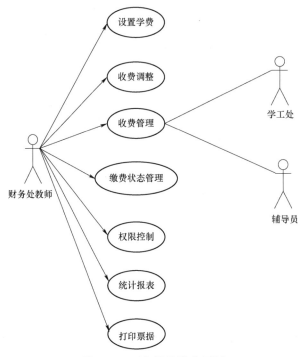

图4-4 财务处收缴费用例

相关子用例如表4-4～表4-7所示。

表4-4 设置学费用例

用例名称	设置学费
用例描述	根据相关政策按个人设置学费
参与者	财务处工作人员
前置条件	学费设置标准
后置条件	学生可进行缴费、查询

续表

用例名称	设置学费
基本操作流程	（1）根据常规条件（如专业、地区）设置学费 （2）如有特殊变动添加备注并修改学费 （3）保存档案
可选操作流程	无
涉及业务实体	学生信息、收费标准

表4-5 收费调整用例

用例名称	收费调整
用例描述	根据学生贷款或奖学金或特殊异动调整收费
参与者	财务处工作人员
前置条件	获得调整收费权限
后置条件	学生可以缴费、查询
基本操作流程	（1）根据条件筛选出需要调整的学生 （2）进行备注与调整 （3）保存档案
可选操作流程	无
涉及业务实体	学生信息、收费调整通知

表4-6 缴费状态管理用例

用例名称	缴费状态管理
用例描述	提供学生查询缴费情况
参与者	财务处工作人员
前置条件	无
后置条件	可进行输出打印
基本操作流程	（1）进入学生信息 （2）查看返回结果
可选操作流程	无
涉及业务实体	学生信息

表 4-7 打印票据用例

用例名称	打印票据
用例描述	为缴费学生打印收费凭据
参与者	财务处工作人员
前置条件	学生发生缴费操作
后置条件	输出打印票据
基本操作流程	（1）发生缴费行为 （2）打印票据
可选操作流程	无
涉及业务实体	学生信息、缴费票据

（四）奖励惩罚管理用例

奖励惩罚管理作为伴随学生整个学习生涯的重要活动，同样是学生工作中的重要组成部分，主要实现学生奖励的申请、审批、公示、发放（如涉及奖学金的物质奖励，以及对学生惩罚的记录、公示）等功能。

其中奖励申请要符合学校对各类奖励及奖学金的管理办法，包括各类奖励对应的要求和获奖学生所占比例的规定。

确定了奖励或奖学金的提名后要由各学院相关辅导员根据学生成绩、平时表现等实际情况进行预审，预审期间可以调整相关人员资格，预审完毕后保留比预审多 10%～30%的名额提交到学工处进行最终审批。

随后学工处根据各学院上报的数据以及学生相关规定和整体规划确定最终奖励情况。

最后进行奖励或奖学金的公示，如涉及奖学金的发放情况则进行奖学金的发放。

奖励惩罚管理用例如图 4-5 所示。

相关子用例如表 4-8～表 4-10 所示。

第四章 高校院系学生工作管理系统分析与设计 95

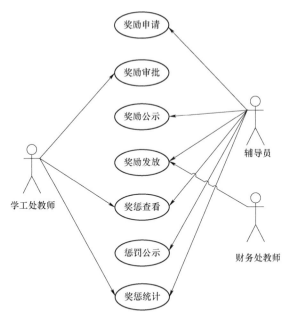

图 4-5 奖励惩罚管理用例

表 4-8 奖励申请用例

用例名称	奖励申请
用例描述	辅导员根据相关规定汇总各班级情况申请奖励
参与者	各院系辅导员
前置条件	学校奖励评选通知及标准
后置条件	申请内容进行审批、公示
基本操作流程	（1）根据各班级评选结果筛选出候选人，录入系统 （2）保存
可选操作流程	无
涉及业务实体	学生信息、评选通知、评选标准

表 4-9 奖励审批用例

用例名称	奖励审批
用例描述	学工处教师按照规定审批
参与者	学工处工作人员
前置条件	辅导员奖励情况已经申请
后置条件	奖励公示、发放

续表

用例名称	奖励审批
基本操作流程	（1）根据相关规定审查学生情况 （2）进行审批回复 （3）保存
可选操作流程	无
涉及业务实体	学生成绩、学生日常表现、评选标准

表4-10 奖励公示用例

用例名称	奖励公示
用例描述	对学生获得的奖励情况进行公示
参与者	学工处工作人员
前置条件	奖励情况已审核完毕
后置条件	无
基本操作流程	（1）查找自己管辖范围内的学生 （2）发布公告进行公示
可选操作流程	无
涉及业务实体	学生成绩、学生日常表现、评选标准

（五）助研助工管理用例

助研助工岗位是为帮助那些成绩优异但是生活有些困难的学生顺利完成学业而设立的，亦可减轻教师的工作负担，使教师更好地投身科研或教学岗位，同时还能锻炼学生的能力并积累社会经验，助研岗位更能增加专业素养，为以后深造或工作打下坚实的基础。

助研助工管理功能主要为管理勤工岗位、申请勤工岗位、管理勤工学生、补助发放。

（1）管理勤工岗位。系统提供学校各单位的勤工俭学岗位设置，需要学生工作的单位按照规定填写相关申请后递交学工处，学工处根据实际情况和学校的管理规定予以审核批复，批复后的岗位自动显示在学生个人中心对应的勤工俭学栏目下，供学生根据自己的课余时间进行申请。

（2）申请勤工岗位。勤工助学岗位是由学生自己申请的，学生提出申请后由班长汇总，班长汇总后交由所在院系辅导员审核，辅导员审核后学生到用人单位面试，面试成功后在学工处备案。

（3）管理勤工学生。可以参看目前各个单位勤工俭学的学生。

（4）补助发放。学工处统筹全校勤工俭学情况，根据各个岗位的助学薪资情况制作勤工俭学工资发放表，传到财务处，由财务处打款给相关学院负责人。

助研助工管理用例如图4-6所示。

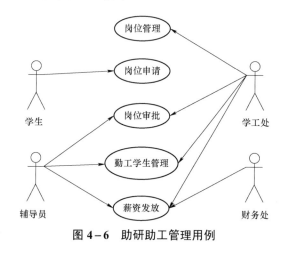

图4-6 助研助工管理用例

相关子用例如表4-11～表4-13所示。

表4-11 岗位管理用例

用例名称	岗位管理
用例描述	管理勤工俭学的助学岗位
参与者	学工处工作人员
前置条件	用人单位提出申请
后置条件	无
基本操作流程	（1）用人单位向学工处提出用工申请 （2）学工处根据学校整体安排做出批复
可选操作流程	无
涉及业务实体	用工申请表

表 4-12 岗位审批用例

用例名称	岗位审批
用例描述	学生提出岗位申请后,由辅导员审核,符合用工条件者,提交给用人单位,用人单位同意接收后,由学工处审核备案
参与者	学工处工作人员、相关院系辅导员
前置条件	学生已经提出岗位申请
后置条件	用人单位面试、学工处审核
基本操作流程	(1) 辅导员根据学生自身情况和用人单位用工要求审核 (2) 审核通过后交由用人单位面试 (3) 面试通过后由学工处审核
可选操作流程	无
涉及业务实体	学生信息、用工要求

表 4-13 薪资发放用例

用例名称	薪资发放
用例描述	为勤工俭学的学生发放薪资
参与者	财务处工作人员、学工处工作人员、辅导员
前置条件	学生工作满足用工要求
后置条件	无
基本操作流程	(1) 用工单位统计工资单上报学工处 (2) 学工处审核后下达通知单到财务处 (3) 财务处按规定打款给相关辅导员 (4) 辅导员发放给学生 (5) 学生签字确认 (6) 保存签收凭证
可选操作流程	无
涉及业务实体	用工单位工资单、发放工资通知单、签收凭证、转账凭证

(六) 党团管理用例

高校学生是一群渴望进步的优秀青年,因此丰富的党团生活成了高校管理工作不可分割的一部分,党团工作的管理工作主要包括各种党团活动记录、学生入党管理、党员心得报告、党费管理。

活动记录中记录各次党团活动的主办单位、出席人、时间地点、活动内容和活动效果反馈等。学生入党管理主要记录重点培养对象的信息和入党积极分子。

党员心得报告一般以电子版的形式呈现,供其他同志学习。党费管理详细记录党员交纳党费的情况。

党团管理用例如图4-7所示。

(七)宿舍管理用例

宿舍管理系统主要包括宿舍信息、宿舍分配、宿舍调整,以及入住统计等。

(1)宿舍信息。由于每年都有新生入学和老生毕业,所以宿舍的信息需要每年更新。在宿舍信息中录入每年的宿舍变换情况供后续功能使用。

(2)宿舍分配。以专业和班级为单位自动分配宿舍。

(3)宿舍调整。由于个人原因需要调整宿舍应得到辅导员的签字,其他由学校统一调整宿舍的(比如寒暑假统一安排住宿等),直接在系统中操作即可。

(4)入住统计。显示目前的入住记录、空寝室和不满的寝室,供调配使用。

宿舍管理用例如图4-8所示。

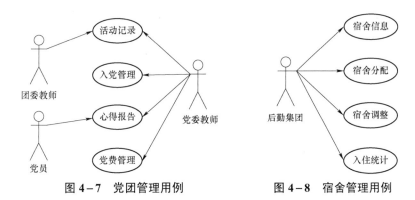

图4-7 党团管理用例　　　　图4-8 宿舍管理用例

相关子用例说明如表4-14所示。

表4-14 入住统计用例

用例名称	入住统计
用例描述	统计宿舍的入住情况
参与者	后勤集团工作人员
前置条件	无
后置条件	可进行输出打印

续表

用例名称	入住统计
基本操作流程	（1）输入统计条件 （2）显示统计报表
可选操作流程	无
涉及业务实体	学生住宿登记表

二、行为建模

行为建模是通过建模工具中的活动图来实现，在以上业务用例建模的基础上对主要用例的活动进行行为建模[①]。下面通过活动图完成对各部分业务的行为建模。

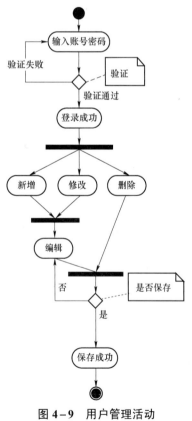

图4-9　用户管理活动

（一）用户管理行为建模

用户管理是对系统资源的一种分配，由系统管理员负责对用户的新增、修改、删除和授权。如需要新增用户的时候，打开新增用户页面，分别设置好用户名、密码、用户组别、用户权限后保存即可。点击保存后由系统后台完成数据库中用户记录表的修改。用户管理的约束条件是不允许添加用户名相同的用户，对用户的权限授权通过设置枚举值完成。用户管理活动如图4-9所示。

（二）学籍档案管理行为建模

在前文对学籍档案管理进行了用例分析后，其各个子用例的主要活动流程如下：

（1）导入新生学籍。当一年一度的高考录取工作结束后，学校将展开新生的学籍建立工作。根据各位考生的电子档案批量建立新的学

---

① 赵玉. 数据库技术浅析［J］. 计算机与网络，2004（6）.

籍信息。

登录成功后进入学籍档案管理页面，按照学院专业批量导入学生信息。导入学籍的输入信息是学生原始档案信息、学院、专业信息，输出信息是录取学校统一格式的学籍档案，返回程序执行结果给用户。导入新生学籍活动如图 4-10 所示。

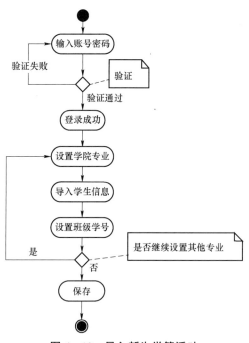

图 4-10 导入新生学籍活动

（2）新增学籍档案。新增学籍档案是记录学校新生或其他异动学生档案的一种方式。新增学籍档案的输入信息是学生的姓名、年龄、性别、籍贯、民族、政治面貌、身份证号、毕业院校、录取学院以及录取专业等信息。输出信息为学校统一格式的学籍档案，返回的结果为程序的运行结果。新增学籍档案活动如图 4-11 所示。

（3）查看学生学籍。根据要求查询学生信息，进入系统后，可以根据姓名查询，也可以根据学院班级逐级查询。可以查询单个学生的信息，也可以查询班级院系的信息。输入的信息为查询条件，返回内容为数据库的查询结果。

（4）修改学籍档案。当发现学生的信息导入错误或出现需要修改学籍档案的时候进入系统修改学籍，更新信息后点击保存即可。输入的信息是需要修改的信息，输出的信息是学生更新后的内容，返回值为程序执行结果。修改学籍档案活动如图4-12所示。

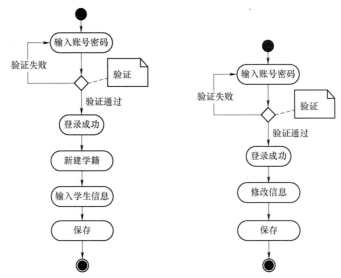

图4-11　新增学籍档案活动　　图4-12　修改学籍档案活动

（5）分配班级学号。这是导入新生数据的辅助功能，对于已经成功导入新生信息但尚未分配班级学号的学生进行分配班级的操作。分配班级学号后便于各项行政手段的执行。输入为新生专业，返回结果为每名学生对应的班级和学号。

（6）删除学籍档案。当出现违反校规校纪给予开除学籍处分的学生或因其他特殊原因需要删除学籍的时候，进入系统使用此功能。输入信息为学生学号，返回结果为程序执行结果。

（7）生成统计报表。为配合招生就业处工作以及其他部门的信息需要，需要生成符合各种信息要求的报表，如院系学生报表、生源地统计报表等。输入为统计条件，返回结果为统计报表。

（三）财务处收缴费行为建模

财务处收缴费管理指的是对学费、住宿费、书费等的收取、调整，以及贫困生贷款、助学金、生源地贷款的发放、设置等。

（1）设置学费。进入学费设置后可以根据班级专业统一设置学费，该功能是对全体学生学费情况的整体管理。输入信息为各个年级、专业和学费标准，输出为每位学生的学费。设置学费活动如图4-13所示。

（2）收费调整。进入相关页面后将需要奖学金或者贷款资助冲抵学费的学生信息输入系统，系统将自动完成输入值的合并计算。输入为学生学号、修改项目和金额，输出为收费项目合并后的结果，返回信息为程序执行结果。收费调整活动如图4-14所示。

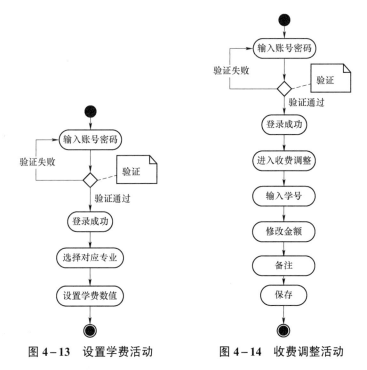

图4-13 设置学费活动　　图4-14 收费调整活动

（3）收费管理。收费管理完成学生缴费动作，并开具缴费凭证。输入为学生学号或姓名，输出为学生缴费记录、缴费结果。学生收费管理活动如图4-15所示。

（4）缴费状态管理。缴费状态管理的设置方便教师查阅学生的缴费情况。输入为学生学号，返回结果为学生目前各项费用的缴费状态。

（5）权限控制。使用权限控制可以有效防止部分恶意拖欠学费的学生占用学校资源，首先由系统自动过滤恶意拖欠学费的学生名单，然后实施关闭登录教务系统权限或选课权限等。权限管理活动如图 4-16 所示。

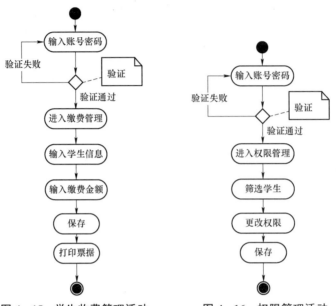

图 4-15 学生收费管理活动　　图 4-16 权限管理活动

（6）统计报表。根据学校的会计管理制度统计学校的学生费用类的财务状况，包括各项学费、杂费的收入情况，学生拖欠各类费用情况等。输入为数据统计条件，返回信息为数据统计结果。

（7）打印票据。打印票据为其他功能的辅助功能，在需要打印凭据时使用。

（四）奖励惩罚管理行为建模

奖励惩罚管理主要是用于对奖励或惩罚的流程管理。主要流程为学生事先统一向辅导员提出申请，申请后辅导员根据标准进行筛选，然后在系统内提出申请，再经学工处审批通过后进行公示，若公示期间无异议，则向财务处发送信息，发放对学生的奖励。另对学生进行惩罚管理流程类似。奖励惩罚管理活动如图 4-17 所示。

（1）奖励申请。奖励申请先由各班班长汇总申请到辅导员处，由辅导员填写好申请书后自动发送到学工处审批。输入为奖励项目的申请，输出为将传递学工处审批的申请文件，返回信息为程序执行结果。

（2）奖励审批。奖励的审批是由学工处的相关工作人员负责的，学工处的工作人员根据相关审批条件评判学生，待评判结果录入系统后，审批通过的学生自动进入公示流程。输入为待审批文件，输出为审批结果。奖励审批活动如图4-18所示。

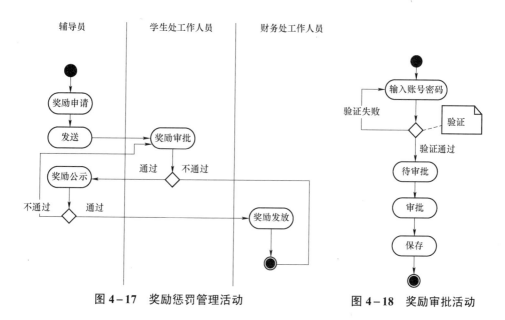

图 4-17　奖励惩罚管理活动　　　　图 4-18　奖励审批活动

（3）奖励公示。此部分需要公示的结果是由审批结果自动传回来的，公示期间如果其他学生或教师有异议将重新返回审核。

（4）奖励发放。在学生奖励公示后没有任何异议的情况下，将进行奖励的发放工作。

（5）奖惩查看。供教师和学生查看特定学生的奖惩情况。

（6）惩罚公示。将学工处或校务委员会下达的处分决定直接公示，达到让大家引以为鉴的目的。

（7）奖惩统计。按一定条件统计各类获奖或惩罚情况，及各院系获奖或惩罚情况。

(五)助研助工管理行为建模

助研助工管理也是学生工作管理的一个重要方面,主要提供一些勤工助学岗位的申请、查看、管理以及最后的补助发放工作。助研助工管理活动如图 4-19 所示。

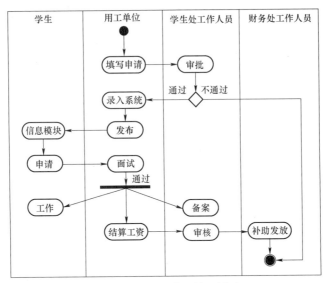

图 4-19 助研助工管理活动

(1) 申请勤工岗位。各单位的勤工助学岗位由专人负责向学工处提出申请,获批后将岗位录入相关系统中,并与学生的个人主页相连通,学生便可以根据自己的需求选择申请。输入为用工单位提出的用工申请,输出为将传递至学工处审批的审批文件,程序返回执行结果。

(2) 安排面试。学生申请后符合条件的学生将被用工单位安排面试。

(3) 管理勤工学生。供学工处审核人员或用工单位查询目前在岗学生的状态。用户进入后可通过调整筛选学生的范围查看当前符合要求的学生状态,可以选择按用工单位查询,也可以选择按学院查询等。输入为查询条件,输出为在各查询条件下的查询结果。

(4) 补助发放。学生工作期满后,用工单位结算工资交由学工处审核,审核通过后由财务处负责发放。

(六)党团管理行为建模

党团管理主要提供党团活动记录、学生入党管理以及党员心得报告记录、党费管理工作。

（1）活动记录。活动记录是保存党团进步的重要文件，输入为活动的各项数据，如时间、地点、活动主题等，之后按照系统格式填写好活动的相关情况并保存记录。输出为数据库保存文件，返回程序执行结果。党团活动记录活动如图4-20所示。

（2）入党管理。入党管理中记录了一个学生从递交入党申请书开始到入党积极分子再到正式党员的一系列重要事件和相关文件。用户进入相关功能后按照统一的入党流程填写入党学生目前的入党状态，当入党学生随着时间推移入党状态发生变化的时候进行维护。其输入为重要事件的相关信息，输出为数据库保存文件，返回程序执行结果。入党管理活动如图4-21所示。

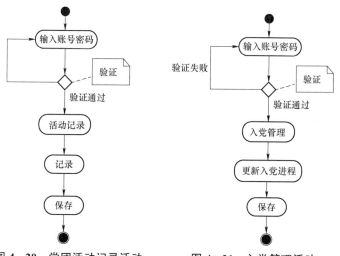

图4-20　党团活动记录活动　　图4-21　入党管理活动

（3）心得报告记录。供组织向后辈传递优秀的精神文化。用户进入相关功能后可将优秀党员的心得报告上传至服务器，服务器将这些心得以在线浏览的方式显示出来供其他党员阅读学习。心得报告记录活动如图4-22所示。

（4）党费管理。党费管理作为支持党团活动的重要方面，详细而细致地保存收支情况很有必要。用户进入相关管理功能后根据系统提示填写好每次的收支状况并保存下来。党费管理活动如图4-23所示。

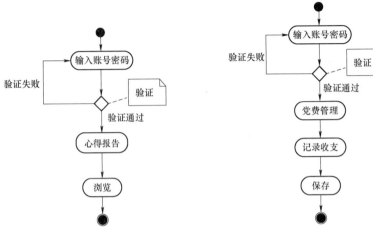

图 4-22　心得报告记录活动　　　图 4-23　党费管理活动

（七）宿舍管理行为建模

宿舍管理提供宿舍信息、宿舍分配、宿舍调整、入住统计功能，通过对这几种功能的使用可以很好地管理学生的住宿情况。

（1）宿舍信息。首先由后勤处相关工作人员根据最近一届毕业生毕业情况以及实际住宿情况统计好空余寝室号，随后将统计好的结果按照规定格式输入系统，系统将自动识别并做好统计报表。宿舍信息管理活动如图 4-24 所示。

（2）宿舍分配。后勤处将相关新生资料输入系统后，系统将以班级为单位自动预分配寝室号，随后可根据实际情况进行调整。宿舍分配活动如图 4-25 所示。

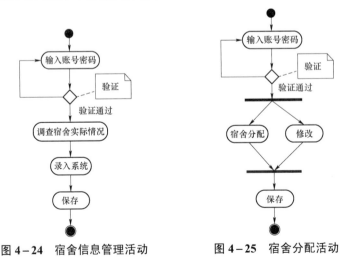

图 4-24　宿舍信息管理活动　　　图 4-25　宿舍分配活动

（3）宿舍调整。在实际的学习生活中难免有各种特殊情况需要灵活调整寝室的，这时候就需要使用系统内的宿舍调整功能了。进入该功能后输入检索条件，找到相关寝室后更改当前寝室入住情况，再对即将搬迁的寝室进行入住情况更改。宿舍调整活动如图4-26所示。

（4）入住统计。在使用和管理过程中可以随时根据需要对学生及宿舍进行查看，可以根据学院班级查看，也可以根据宿舍楼查询寝室入住情况。

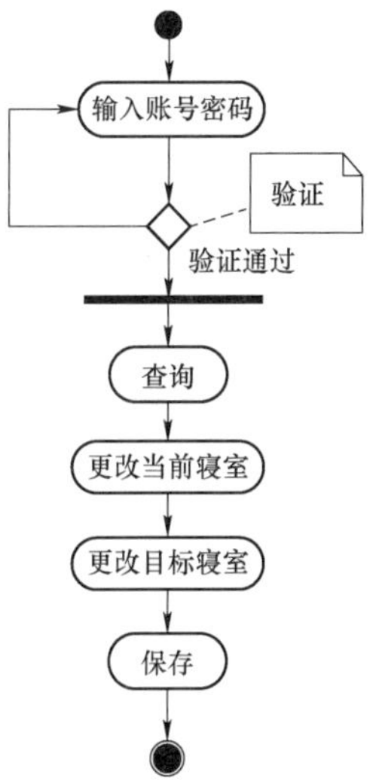

三、系统功能需求

图 4-26 宿舍调整活动

通过对需求分析的设计，逐步完善学校实际管理工作的信息化、智能化建设。本系统用户主要为学校各职能部门的工作人员，他们各自的工作岗位不同，对系统的功能需求也不同。下面列举各种不同用户在系统功能方面的需求[①]。

（一）系统管理员

（1）系统管理功能。主要实现对系统初始情况的设定、规则的设定、约束条件的建立以及其他系统基础参数的设定。

（2）用户权限分配功能。由于学工系统的工作量大、涉及部门多，所以系统内各职能部门应该权责分明，主要涉及学工处、教务处、财务处、后勤处、招生就业处、学院办公室等角色和权限的管理。具体包括用户的添加、删除、修改和相关权限的添加、删除和修改。

（二）招生就业处人员

（1）登录功能。用户为系统的前台使用者，系统允许已授权的用户使用用户名和密码登录系统内部并使用其中各项功能。

（2）学生学籍管理工作。招生就业处的主要职责就是对每年新入学的学生进

---

① 丁治明，孟小峰，白芸，等. 基于关系数据库的位置相关查询处理 [J]. 计算机研究与发展，2004（3）.

行学籍建档和管理维护工作。用户可以通过系统完成对学籍档案的批量建立，以及根据实际管理过程中进行的变化做出更改调整。

（3）班级学号的管理工作。根据各学院的录取结果对短时间内录取的大量学生进行班级和学号的预分配，如果没有特殊变化，结果将作为学生正式的班级和学号管理。其间也可以根据实际情况做出调整。

（三）财务处人员

（1）登录功能。用户为系统的前台使用者，系统允许已授权的用户使用用户名和密码登录系统内部并使用其中各项功能。

（2）收费设定。按照学校实际执行的收费标准和相关政策设定针对个人的收费标准。

（3）收费管理。完成学生的缴费操作以及状态的管理。

（4）权限控制。根据缴费结果对学生开关部分功能。

（四）学工处人员

（1）奖惩的管理。学工处主管下面各院系学生奖惩情况的审批和颁发认定工作。

（2）助研助工岗位管理。学工处负责各单位岗位的设置和工资的认定，并授权财务处发放。

（3）后勤处人员。主要完成宿舍的分配和管理工作。负责对新生进行宿舍分配以及日常的更换宿舍等工作。

四、系统性能需求

在高校学生信息管理系统中，需要满足以下几条性能需求。

（1）实用性。高校学生信息管理系统要处理的是基于学生在校活动所产生的事务，系统应最大限度地满足学校日常实际工作的需要，不仅要考虑到系统的操作界面，还应考虑到系统对数据的处理以及与数据库数据的交互，应以满足用户工作和实际业务需求为第一要素。系统实现的功能要能在日常事务处理中得到充分地利用，以降低开发的成本，并从实际出发，专注于业务实用性。

（2）可扩展性。为了适应未来需求的变化，系统功能应具有良好的可扩展性，可以较容易地实现服务的升级和应用的扩展。系统开发应尽量减少模块间的依赖关系，从而为系统扩展减少不必要的成本[①]。应使系统可以较轻松地集成新的应用，较容易地分解数据和应用程序。

（3）易用性。系统实现不仅要考虑到功能的完整性，也应该考虑到功能的易用性，因为系统面向的用户不可能全部是计算机操作熟手，所以一个功能在系统中应以最简单明了的方式体现出来，使任何用户都能很快地使用功能[②]。

（4）安全性。系统的安全性是一个比较重要的特性，系统安全是一切功能实现的前提，所以系统应统一配置和管理，统一认证，统一用户身份管理，统一权限配置和统一访问控制的其他资源。核心数据的存储需要加密，以防止信息获取、敏感信息、严格管理权等的使用遭到破坏[③]。

（5）稳健性。学生信息管理系统要能根据不同用户的需要而选择不同的硬件、操作系统、数据库、网络和其他服务器软件，运用服务器集群技术优化应用程序的组成和结构，以确保系统可以正常运行和稳定，降低大规模的用户同时使用的压力，以达到系统在大量用户使用下的稳定[④]。

（6）可重用性。确保该系统满足信息技术的快速发展。从技术上讲，系统应不仅能满足当前的使用，更应该在新技术产生时，最大限度地与新的技术进行整合使用[⑤]。

第三节 系统设计

一、系统总体设计

根据实际的业务需要，可以将本系统分为管理子模块和用户子模块。管理子

[①] 刘慧巍. B/S 体系结构的应用［J］. 电脑知识与技术（学术交流），2007（4）.
[②] 侯淑英. B/S 模式和 C/S 模式优势比较［J］. 沈阳教育学院学报，2007（2）.
[③] 黄超. 基于 B/S 体系结构的 WEB 开发系统［J］. 科教文汇（下半月），2006（11）.
[④] 鲁春燕，孙娟. 浅析 C/S 模式和 B/S 模式的优缺点［J］. 福建电脑报，2008（6）.
[⑤] 郝阜平. IIS 服务器的安全隐患及对策［J］. 青海大学学报（自然科学版），2003（4）.

模块的职责是初始化用户子模块和日常维护系统用户子模块的功能。为各个用户分配好权限，建立基础数据。这些前提条件是保障后续系统用户进行业务操作的重要前提。根据实际的需求调研结果，系统的需求模块主要分为以下几个管理模块：用户管理模块、学籍档案管理模块、财务处收缴费模块、奖励惩罚管理模块、助研助工管理模块、党团管理模块、宿舍管理模块[①]。

用户根据部门业务的不同被赋予了不同的操作权限，主要完成的功能有新生入学学籍档案的简历、学杂费收缴的管理、宿舍分配记录、学习期间奖励惩罚的记录和流程管理、助研助工岗位的管理，以及党团生活管理。总体功能架构如图4-27所示。

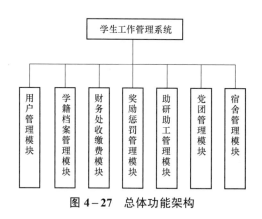

图4-27 总体功能架构

二、系统功能模块设计

根据软件工程的实际思想，结合系统总体结构，在对各个模块的设计上遵循"低耦合，高内聚"的设计思想，使每个功能模块的主要功能都基本内聚在自身当中。下面具体介绍各个主要模块的详细设计内容。

（一）用户管理模块的设计

用户管理模块中除了对用户信息进行增、删、改的基础操作，更主要的是对用户进行授权操作。当系统需要新增用户的时候，系统管理员登录进入系统

---

① 张艺林. 网络信息安全防范技术分析 [J]. 知识经济，2009（9）.

后，首先对需要添加用户的信息进行编辑，待保存成功后，还要对用户进行授权操作，授权可以通过对相关业务人员点选授权的方式，也可以通过对部门角色进行分配的方式。待授权操作结束后由系统管理员保存，保存后系统后台进行数据库更新，最后系统将返回程序运行的结果并呈现给用户。新增用户时序如图 4-28 所示。

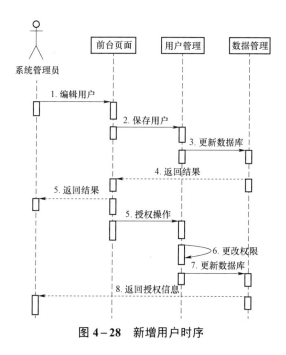

图 4-28　新增用户时序

（二）学籍档案管理模块的设计

学籍档案管理模块涵盖了学生自入校以来对学籍档案管理的各种操作。该模块主要包括学籍档案的批量导入、档案的修改删除，以及学生班级学号的分配和维护。其中最主要的就是新生入学时批量导入学籍档案与新生分配班级学号的过程。

（1）批量导入学籍档案。当学生报到注册后，由招生就业处的工作人员获取学生投档原始资料，用户打开页面进入批量导入学籍档案的前台页面中，将原始档案电子数据导入系统中，随后数据被系统解析，按照学院要求的统一格式写入数据库中，操作过程完毕系统返回执行结果，最终将结果呈现给用户。批量导入学籍档案时序如图4-29所示。

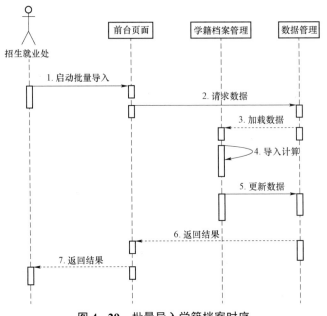

图4-29 批量导入学籍档案时序

（2）分配班级学号。系统将新生学籍档案建立完毕后，需要按录取专业为新生分配班级和学号。用户首先进入系统登录相关界面；其次选出需要进行分配的相关专业，输入预计分配班级的数量或以每班固定人数来分配班级；再次由系统后台相关模块进行计算分组，将结果记录到数据库，从而完成分班；最后根据提前设定好的学号分配规则以班级为单位进行学号的分配。分配班级时序如图4-30所示，分配学号时序如图4-31所示。

（3）新增学籍档案。新增学籍档案的处理和批量导入学籍档案的处理大致相同，只是对象变成了单一的学生，首先进入系统新建一份学籍，将学生信息输入后并制定专业班级及学号，随后保存，系统会给出后台照做的结果。

（4）修改学籍档案。修改学籍档案的时候，先登录进入系统相关界面，查找相关学生的资料，重新录入更新的信息，之后保存结果到数据库，即完成了修改学籍档案的操作。

第四章 高校院系学生工作管理系统分析与设计

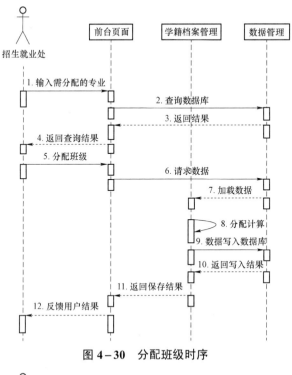

图 4-30 分配班级时序

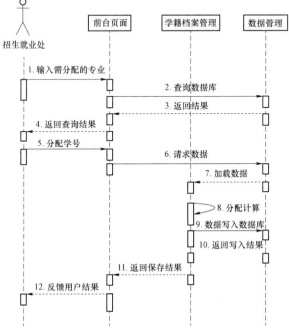

图 4-31 分配学号时序

(三)财务处收缴费模块的设计

财务处收缴费模块的主要功能包括收费管理、权限管理、收费设置等。下面具体介绍各个功能的详细设计内容。

(1)收费管理。收费管理是对学生整个缴费流程的管理,首先财务处工作人员进入系统,输入学生学号查询学生待缴费用,通过对数据库的调用将学生的缴费信息返回给系统使用者,在与学生核实信息无误后,学生进行付款操作。财务处人员点算后,在系统内填写学生缴费信息。随后保存记录并由系统更新数据库,最终系统将刚刚工作人员录入学生交款信息、交款时间和学杂费缴费结果显示给系统用户供其核对。收费管理时序如图4-32所示。

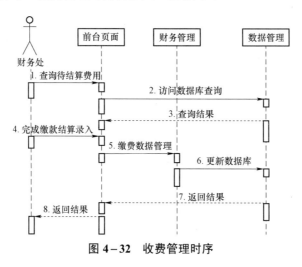

图4-32 收费管理时序

(2)权限管理。根据学生缴费的情况分配学校的资源是一个合理的做法。财务处工作人员可在限定交费的一定时期后(一般是某学期期末前一个月),选择关闭未交齐学费学生的评教或下学期的选课功能。用户进入系统后,先向数据库请求未交齐费用学生的名单,当数据库返回数据后可以选择对这些学生进行操作,如关闭评教或者关闭选课等功能。权限管理时序如图4-33所示。

(3)收费设置。进入系统后用户可以根据专业设置各项费用初始值(一般设置学费、住宿费、书本费),如果学校有相关政策也可以根据特殊政策在专业下面再次按生源地分小类照顾特殊地区学生,或者调整个别学生的学费。

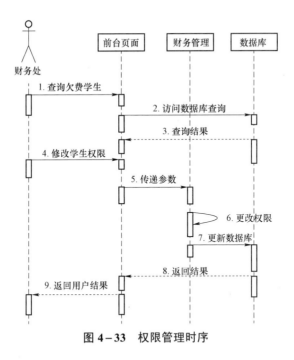

图 4-33 权限管理时序

（4）收费调整。其操作类似于收费设置，收费调整可以实现对专业费用的更改，也可以实现对个别学生费用的更改。进入相关界面后首先通过查询条件查找需要调整的专业或个人，再输入需要更新的数据，保存后系统后台数据库进行更新，最后将程序运行结果呈现给用户。

（四）奖励惩罚管理模块的设计

奖励惩罚管理模块主要实现奖惩的审批、公示功能。下面具体介绍各个功能。

（1）奖励申请。奖励申请是由各院系辅导员负责收集填写并传递至学工处审批的。

（2）奖励审批。奖励审批是由学工处的相关人员负责，其根据学校的相关规定进行判定和审批。

（3）奖励公示。经审批通过的由系统自动公开展示。

（4）惩罚公示。由于惩罚是由相关单位根据学生的不良行为直接判定的，所以经过学工处审批后直接进入公示环节。

（5）奖励发放。该功能是通知财务处进行物质奖励，或者通知院系（其他相关单位）颁发证书等。奖励惩罚时序如图 4-34 所示。

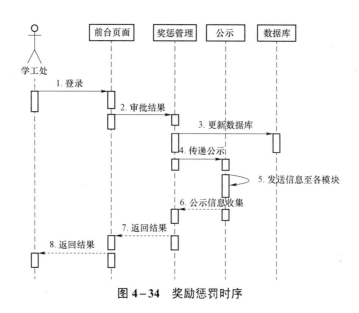

图4-34 奖励惩罚时序

（五）助研助工管理模块的设计

助研助工岗位主要实现学生勤工助学岗位的安排管理工作。下面具体介绍各个岗位。

（1）管理勤工岗位。学工处的工作人员将下面各单位上报申请获批的岗位输入系统。首先登录系统，进入勤工岗位发布的功能页面，仔细填写好岗位的要求和工作后点击保存，系统会自动同步到学生页面中的勤工岗位栏目，即实现了信息发布的功能。

（2）申请勤工岗位。申请表由学生填写，供教师和单位选拔。有意愿申请勤工岗位的学生，首先进入系统申请勤工岗位功能界面，填写好个人信息和应聘简历后上传至系统，系统会自动将学生的应聘信息传输到用人单位，供用人单位选拔合适的学生。

（3）管理勤工学生。主要功能是查阅当前学生状态，为校方的宏观管理提供方便。进入系统管理勤工学生的功能界面后，可以查看当前在岗的所有勤工学生，也可以选择查看具体学生的工作信息。系统将根据查询的条件将结果呈现给用户。

助研助工管理时序如图4-35所示。

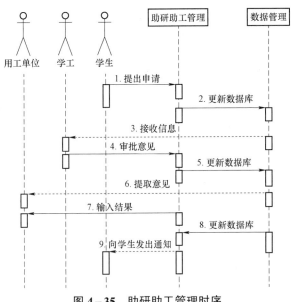

图 4-35 助研助工管理时序

（六）党团管理模块的设计

党团管理模块主要包括活动记录、入党管理、心得报告、党费管理几个部分，主要起到备忘和信息公开的作用。用户进入党团管理相关功能界面后，可以看到如下几种功能。

（1）活动记录。进入该功能后，填写清楚活动时间、名称、内容、出席人和现场情况以及活动反响后点击保存。系统将在后台数据库中保存这些数据。

（2）入党管理。进入该功能后，可以新建入党名单，并在其中填写学生姓名、年级、专业、性别、入党时间等信息后保存上传。上传后系统会自动归档保存每条入党记录。供后续调用查询。

（3）心得报告。进入该功能后，可以上传党员的心得体会。上传后可以在系统中显示出来供其他党员学习，共同进步。

（4）党费管理。进入该系统后，填写好党费收入日期、金额、花销、时间等信息后上传至系统保存。

党团管理时序如图 4-36 所示。

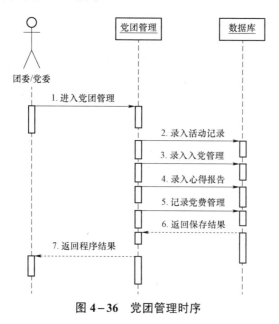

图 4-36 党团管理时序

（七）宿舍管理模块的设计

宿舍管理主要包括宿舍信息的登记整理、宿舍分配、宿舍调整和宿舍情况查询几个部分，下面分别介绍。

（1）宿舍信息的登记整理。该功能用以显示目前登记在册的宿舍的使用情况，进入系统后可以录入空闲寝室的号码，这些寝室将自动更新成空闲寝室，也可以根据某一属性调出所有满足条件的寝室进行更新操作，如某学院将所有大四毕业生的寝室更新为空闲寝室。

（2）宿舍分配。该功能实现宿舍分配信息的填写。进入系统选择相关寝室后填写登记寝室入住成员信息。系统也支持批量自动分配寝室的操作，使用时系统自动将待分配学生按照学院班级就近分配的原则自动分配寝室，该功能多数用在新生宿舍分配的情况下。宿舍管理时序如图 4-37 所示。

（3）宿舍调整。该功能实现宿舍变动后信息的更改操作。直接进入系统后可选择需要更改的寝室号码，然后输入更新后的信息，保存上传即可。

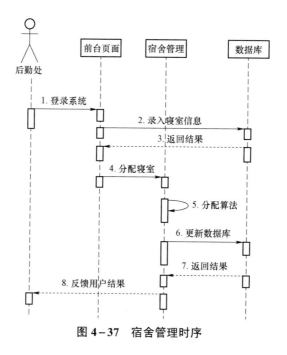

图 4-37　宿舍管理时序

（4）宿舍情况查询。该功能用以查看当前寝室的安排。进入系统后可以选择寝室查看的条件，如空闲寝室、某学院寝室等。系统根据查询的条件将结果呈现给用户。

在新时期下，随着高校学生工作的任务量增大、复杂程度增高，其管理变得更加困难，因而构建高校学生工作管理系统，可以有效提升工作效率。此外，随着互联网的普及，网络化的管理逐渐代替传统管理，大数据也将成为高校学生工作管理的重点方向。

第五章

大数据背景下高校学生工作转型

■ 第一节　大数据背景下的高校学生工作分析

一、大数据的主要特点、类型与关键技术

（一）大数据的主要特点

大数据之所以区别于其他数据，是因为其具备其他数据所不具有的特点。大数据的主要特点被概括为4个"V"：体量巨大（Volume）、数据处理速度快（Velocity）、数据类型复杂（Variety）、价值密度低（Value）。

1. 体量巨大

数据体量巨大是大数据的基本属性。随着科学技术的发展和网络的普及，数据量已经成倍增长，GB已经完全不能满足数据量激增的需求，数据已经从TB（1TB＝1 024GB）跃升至PB（1PB＝1 024TB）、EB（1EB＝1 024PB）甚至ZB（1ZB＝1 024EB）级别。以脑科学为例，用电子显微镜重建大脑中的突触网络，1mm³大脑的图像数据就超过了1PB。社交网络Facebook每天要处理25亿条消息、500多TB的数据，上传3亿张照片，每半个小时扫描的数据大约为105TB。[①]根据IDC（互联网数据中心）对大数据的定义，大数据的数据规模通常要达到100TB以上。但美国的熊辉教授则有不同的看法，他认为大数据的"大"不只是体量巨大，其对数据的处理速度也提出了很高的要求。比如，1GB的数据量并不

[①] 桑庆兵. 大数据在高校的应用与思考[J]. 南通纺织职业技术学院学报（综合版），2013（6）.

算巨大，但如果要在极短的时间内，比如1ms完成对其复杂的数据分析，则可能目前常用的设备无法胜任这项工作。

2. 数据处理速度快

大数据除了体量巨大，还要求数据是快速动态变化的，数据以数据流的形式存在是大数据的一大特点。随着网络技术、信息技术、传播技术的快速发展和互联网的普及，不但数据的产生途径增多，数据的传播、发布也变得越来越容易，爆炸式的数据增长对数据处理速度提出了很高的要求，否则快速增长的数据得不到有效利用，不但不利于问题的解决，还会带来数据的大量浪费、挤占堵塞数据通道、数据价值流失等一系列问题。同时，数据并非静止不动的，而是以数据流的形式不断流动，倘若数据没有在第一时间被处理利用，数据的价值会随着时间的流逝大打折扣，甚至完全消失，失去了价值的数据只能为问题的解决增添负担，也失去了大数据的意义。另外，由于电子商务等在线交易平台的兴起和发展，使数据具有很强的时效性，而且这种快速产生、迅速流动并消失的数据流通常是不平稳和非线性的，会在特定的时段突然激增，如"双十一"时天猫网的交易数据。对于大数据的应用而言，大多数情况下要在瞬间对数据进行持续实时处理，否则处理结果就是无效的。对大量数据流的快速实时处理也是大数据区别于其他数据的特点之一。

3. 数据类型复杂

数据类型复杂多变是大数据的重要特点之一。以前的数据尽管数据量巨大，但通常是事先定义好的关系型数据库中的结构化数据。结构化数据的数据类型相同，可分解为多个相互关联的组成部分，且各个组成部分之间有非常明确的逻辑和层次结构，非常便于计算机存储、处理和查询，具有一定的操作规范。此类结构化数据，一般都以表格的形式保存在数据库中，不管新增多少数据，都只需根据数据的属性和数据间的关系将其存储在适当的位置，基本不需要为新增的数据更改查询、修改、删除等操作规范。结构化数据的这种标准化属性使只有机器的运算速度和存储空间能影响和限制数据的处理能力，新增的大量数据所导致的数据处理的复杂程度一般呈线性增长。但随着互联网的快速发展，以及各种传感设备的增多，数据类型变得更加复杂，使半结构化和非结构化的数据量日益增大。

非结构化数据无法用数字或统一的结构表示，既要记录数据的数值，又要存储其数据结构，不但增加了数据存储的难度，更增加了数据处理的难度。

当今时代，人们上网已不仅仅是浏览新闻、发送电子邮件，更多的是观看视频、欣赏音乐、上传或下载照片等，除此之外，遍布世界各个角落的各种传感设备也在源源不断地产生并发送海量数据。这些复杂的半结构化、非结构化数据已占到数据总量的75%以上，逐渐成为数据的主流，且其增长速度要远远超过结构化数据。由于非结构化数据包含大量的细节信息，大数据的处理模式更强调关注数据类型复杂的非结构化数据。

4. 价值密度低

数据价值密度低是大数据注重关注非结构化数据的结果。为了获取事物的全部细节，大数据直接采用了原始数据和全体数据，既不将事物抽象归纳为某一模型，也不对数据进行采样，最大限度地保留数据原貌。价值密度低带来的问题是引入了大量没有意义甚至是错误的信息，数据的价值密度偏低。以监控视频为例，连续不间断的监控视频数据被存储下来，如果没有发生任何意外，许多数据可能一直是无用的。但对于警察破案来说，若要获取逃逸车辆的线索，有用的视频数据可能仅有几分钟，大量其他不相关的视频信息增加了获取有用信息的难度。

值得注意的是，一方面大数据的数据价值密度低是指相对于特定的应用，对于某些应用来说没有价值的信息对于另外一些应用来说可能价值很大；另一方面也是相对于大数据巨大的数据量，即使再多的有效信息在大数据的庞大体量中也显得微不足道。另外，由于网络的发展普及和网民数量的激增，经常有某条信息被迅速转发扩散或点击的情况出现，此时原本一条普通的数据信息可能在网络中掀起一阵波澜，造成很大的影响，数据价值也变得不可估量。因此，为了还原数据的所有细节，通常是保留所有原始数据，数据绝对数量的激增也会引发有效信息量的比例减少，导致数据价值密度偏低。

（二）大数据的主要类型

根据不同来源，大数据主要分为三种类型。

1. 科研数据

数据密集型科学已逐渐成为继实验科学、理论科学、计算机科学三大科研范式之后的第四种科研范式,成为大数据时代背景下的新模式。天体物理学、医疗影像学、基因学等都是以数据为中心的学科,高通量科学仪器、医疗成像设备、测序仪等各种科研设备都会产生大量数据。例如,CERN(欧洲核子研究组织)的离子对撞机每秒运行产生的数据将高达 40TB。

2. 网络数据

随着以计算机技术、互联网为代表的通信技术的发展和广泛应用,网络数据逐渐成为大数据迅猛增长的主要源泉。

随着网民规模的不断增长,互联网对个人生活方式的影响进一步深化,从基于信息获取和沟通娱乐需求的个性化应用,发展到与医疗、教育、交通等公用服务深度融合的民生服务。[①]同时,随着"互联网+"的异军突起,推动传统产业不断转型升级,互联网与其他平台的结合催生了大量数据。例如,天猫网每天有超过数千万笔交易,单日就能产生超过 50TB 的数据。百度每天大约要处理网民的请求 60 余亿次,日处理数据接近 100PB。

3. 传感数据

随着以物联网为代表的传感技术的发展和广泛应用,人类获取数据的能力和范围不断扩大。中国科学院计算机网络信息中心主任黄向阳认为,"以大科学装置为代表的机构内部产生的数据量能够被测量和记录得越来越多,而我们对事物、现象等的测量、记录也更加频繁和细致。"[②]这种扩张让我们从宏观到微观,从自然到社会都在产生和记录着海量数据,最为普遍的就是遍布在各个角落的视频监控。此外,几年前,跟踪遥测发动机仅安装于价值数百万美元的航天飞机上,但现在,越来越多的汽车生产商都在车辆中配备了连续测量和报告运行情况的装置,连续不断地提供车辆的整体运行情况。这些传感数据都是大数据的重要来源。

(三)大数据的关键技术

在这个数据大爆炸的时代,数据将是下一个"Intel inside",谁能掌控数据,将数据转换成产品和理念,谁就能赢得未来。在数据量相对不足的年代,对数据

[①] 中国互联网络信息中心. 第 36 次中国互联网络发展状况统计报告[EB/OL].(2015-07-23)[2021-06-28]. http://www.ce.cn/xwzx/gnsz/gdxw/201507/23/t20150723_6022843_3.shtml.

[②] 大数据时代下的新科研[EB/OL].(2014-11-06)[2021-06-28]. http://shizheng.xilu.com/20141201/1000150003501802_1.html.

的研究是"由小变大",而在大数据时代,我们要做的是把数据"由大变小",做到去粗取精、去伪存真。在海量数据中发掘有效信息的需求将数据挖掘摆在了更高的位置。

1. 数据挖掘

此项技术源于数据处理技术的不断进步。20世纪60年代产生了数据收集并创建了数据库,70～80年代产生了数据库管理系统,80年代以来升级为高级数据库系统并出现了高级数据分析技术。数据挖掘技术(Data mining)正是高级数据分析技术的前沿。

数据挖掘,又译为资料勘探、数据采矿,是从数据中寻求价值,它是知识发现的一个核心环节。数据挖掘是一种从大量的数据中通过算法搜索有价值的信息的过程,这种价值一般是隐藏的、不易被发现的,这些大量的数据一般是随机的、模糊的和有噪声的。

经过多年的发展,数据挖掘已成为一种易于操作的成熟技术。它把统计和人工智能等复杂的技术封装起来,在足够多的数据和计算机强大的计算能力下分析大数据、产生洞察力。数据挖掘的主要任务是分类、估计、预测、相关性分组、聚类等。值得注意的是,大数据的研究主要是将数据挖掘技术作为一种研究方法和研究工作,而不将重点放在数据本身,它立足于传统的数据挖掘方法,又与其有很大的不同。

2. 分布式计算

随着大数据成为IT领域乃至社会各界关注的热点,分布式计算技术(MapReduce)也迅速成为焦点,其开源版本Hadoop更是备受瞩目。

分布式计算是一门计算机科学,也是一种计算方法,和集中式计算是相对的。集中式计算是通过不断增加处理器的数量来增加单个计算机的数据处理能力。随着科学的发展,有些应用需要非常巨大的计算能力,如果采用集中式计算,耗时太长。分布式计算通过将大问题拆分,然后将子问题分配给多台计算机来共同完成,最后将分散的结果汇总起来得到最终答案。通过这种方法大大缩短了计算时间,提高了效率。最近世界各地成千上万个志愿者自愿把自己计算机的闲置计算能力贡献给有意义的分布式计算项目,这对于单个计算机在可接受的时间范围内是绝不可能完成的。

3. 云计算、移动计算

云计算是继大型计算机到客户端—服务器模式的大转变之后的又一巨变。云计算是传统的计算机和网络技术与分布式计算、网络存储、并行计算等新兴技术融合发展的产物。通过云计算，网络上的任何设备可以按需共享资源。用户无须了解设备设施的细节，也无须具备运营和维护技能，所以，云计算对用户来说是透明的。云计算具有超大规模、虚拟化、高可扩展性等特点。云计算依赖资源的共享以达成规模经济。云计算代表了世界经济从以占有为标志的市场经济，向以接入为主的网络经济、共享经济的转向。[1]

移动通信技术、互联网、分布式计算技术的突破，以及智能手机的普及带来了移动计算领域的革命。移动计算涵盖多个交叉学科，被认为是对未来最有影响力的技术方向之一。移动计算使计算机或其他智能终端设备在无线环境下能够进行数据及信息的传输和共享。移动计算能将准确有用的信息及时地提供给任何地点的任何用户，还能分担中央信息系统的计算压力，这极大地改变了商业用户和人们的生活与工作方式。

二、大数据背景下高校学生工作面临的挑战

大数据时代的到来给高校学生工作带来了严峻的挑战。由于无法完全摆脱小数据时代思维方式的束缚和信息采集设备的不足和限制等，学生工作中存在的问题日益凸显。这些问题都是由学生工作本身引起的，是由于内在的不适应而引发的外在的不完善，是一个由内而外的过程，这是大数据给高校学生工作带来的内部挑战。与此相反的外部挑战则是一种由于外在环境的剧烈变化而给高校学生工作带来的由外而内的冲击，无论是在思想领域还是实践领域，都产生了深远的影响，让学生工作者有些措手不及和无以应对。但更值得我们关注的是，大数据时代的到来给高校学生工作带来了前所未有的机遇，这将会引发高校学生工作者的思维变革，从而推进高校学生工作转型。

---

[1] 郭昕，孟晔. 大数据的力量 [M]. 北京：机械工业出版社，2013.

大数据浪潮的兴起给高校学生工作带来的挑战可以分为内部挑战和外部挑战，内部挑战主要着眼于高校学生工作自身存在和暴露的问题；外部挑战则着眼于技术的进步和外界环境的变化给高校学生工作带来的新问题和引发的新矛盾。

（一）内部挑战：高校学生工作存在的问题及成因

随着大数据时代的到来，高校学生工作还没有完全摆脱传统工作方式中不科学成分的束缚，由于内在工作流程、机制等不够合理健全，目前高校学生工作中存在的问题日益凸显，主要表现在决策制定、工作开展、工作方法和信息管理四个方面。

决策制定方面表现为无法科学理性地制定决策。教育决策信息非常复杂，既包括学生的家庭背景、经济状况、个人素质、教学方法、学习成绩等内在因素，也包括国家的重大需求、中长期教育目标、学校发展战略等外在环境因素。加之很多内在因素都隐藏在学生的行为表现和学习过程中，不能直接获得，在小数据时代要想间接获取这些信息要付出巨大成本，所以在进行教育决策时更多采用的是政策调研和依赖领导个人经验及观点的方法。这种由一定调研过程与集体讨论研究来制定教育决策的机制也取得了一定成效，但由于信息缺乏，决策人以个人有限的理解、推测来取代论证和科学的预测，不可避免地会出现"拍脑袋"的现象，导致决策质量和水平低下。

工作开展方面表现为事前无法科学精准地进行预测；事中无法全面真实地了解学生；无法提供具体有针对性的个性指导；事后无法客观公正地进行工作评价。

第一，事前无法科学精准地进行预测。在传统的高校学生工作中，学生工作者已经认识到了预测的重要性，但这种预测主要是在常年工作经验积累的基础上进行的观察和推测，以经验总结和定性分析为主，有的还仅仅是感性认知，不但科学性和系统性不足，而且具有很强的滞后性。当学生在行为方面已经出现可以被察觉出的异常举动或学习成绩出现下滑时，说明问题已经发生，此时的预测只能是尽早解决问题，而不能将问题扼杀于萌芽之中。除此之外，某些学生对自己目前的处境很迷茫，对自己失败的原因毫无头绪，大部分问题学生在与教师的交流过程中又流露出抵触情绪，使学生工作者无法客观、全面地了解学生情况和问题产生的原因，从某种意义上说，学生工作者只能被动接受学生的行为。工作中经常出现"亡羊补牢"的情况，无法做到事前预测、未雨绸缪。

第二，事中无法全面真实地了解学生。当代高校学生早已都是"90后"，还有相当一部分是"00后"，他们出生成长在一个信息技术飞速发展的崭新环境中，社会中日新月异的变化、互联网上纷繁复杂的内容对他们来说并不陌生。成长背景造就了他们活泼的性格、丰富的情感、创新的思维以及易于接受新鲜事物的特性。随着时代的变迁，高校学生工作的对象已经发生了很大的变化，但工作方式并没有跟上时代的步伐。在传统的高校学生工作中，要想全面了解学生情况主要有三种方式，第一种是全面收集学生信息，如了解学生的家庭背景、查阅学生档案、查看学生学习成绩等，主要在学生入学初期以及每个学期末学生考试完成后进行，通过这种方式获取的学生信息量十分有限；第二种是通过与学生的相处交流，观察学生的日常行为和表现，在学生的言行中全面了解学生；第三种则是通过问卷调查等方式了解学生的思想动态。这三种方法收集到的学生信息都是碎片化的，具有很强的滞后性，不适合当代高校学生多变、善变的特点，无法真实、全面、发展地认识每个鲜活的学生个体。

第三，无法提供具体有针对性的个性指导。在传统的高校学生工作中，对学生的教育管理主要以班级为最小细胞和单位，采用的是"点对面""大锅饭"的形式，通过召开班会、团体辅导等形式试图解决一个群体中出现的问题。这本是无可厚非的，因为学校教育就是将相近年龄、通过考试选拔的相近智力水平的学生聚集在一起给予相同的教育，这种方式确实能够节省教育成本，提高工作效率，但降低了工作的针对性，无法准确聚焦到某个学生个体以提供私人定制的个性化教育。一个群体中出现的问题并不代表每个学生身上都存在，而个别学生身上存在的问题可能在群体中又没有体现，没有得到学生工作者的关注和重视。那些被学生工作者单独帮扶的学生，很大程度上也是在解决出现的问题，如学业困难、就业困难等，无法做到充分挖掘每个学生个体的特点从而因材施教。

第四，事后无法客观公正地进行工作评价。由于工作评价的导向作用，使得工作评价在学生工作各环节中具有举足轻重的作用，但由于理念的落后和技术的缺乏使工作评价没有达到理想的效果。以教学活动为例，教学评价活动主要是教学主管部门通过听课、学生考试成绩分布、试卷分析、学生评价、教师自评等方式对任课教师进行评价，反过来，教师根据学生考试成绩、平时作业成绩以及课堂表现等对学生进行评价。教学评价活动是教师教学和学生学习之间一条重要的纽带，但传统的评价方式维度单一、注重结果，很难做到科学全面。抽查几次听课、一次期末考试成绩很难全面评价教学效果，学生对教师进行评价时由于认识不到这个环节的重要性，疲于应付，或者迫于教师的压力不敢说出真话，教师自评时往往也会隐藏自己的薄弱点。同理，以几份课堂作业和几次考试成绩不足以判定一个学生。除此之外，传统的评价方式也忽略了教学过程中一些非常重要的细节。比如，在教学过程中，哪些教学环节是学生最乐于接受的？哪些教学方式是最受学生欢迎的？学生在学习的过程中，哪些学习习惯是最科学合理的？什么样的学习方式最容易掌握积累知识？这些对工作评价非常具有价值的信息却无法得到收集和挖掘，从而导致评价结果不够客观公正。

工作方法方面表现为缺少准确可靠的工作手段。问卷调查是小数据时代常用的资料收集和信息获取的手段，这种以一小部分人的观点代表所有人观点的方法是在技术受限的特定时期产生的，这种方法违背了学生工作中应该"为了一切学生，为了学生的一切"的理念，不应该是大数据时代的主要做法。虽然随机采样的准确率有时可高达97%，对于学校整体而言，3%的错误率是完全可以接受的，但对于每个学生个体而言，错误率对其自身来说却是100%，错误率使学生工作者失去了对这部分学生具体信息和数据的掌握，对学生工作来说是一种损失。如果从丢失的数据中恰巧能挖掘出某些异常信息，这3%的错误率对学生工作来说又是一种隐患。

除此之外，问卷调查是否具有可靠性依赖于学生是否能提供真实想法。斯坦福大学的哈代教授曾用一个实验来研究不同国家的师生在做调查时的掩饰倾向。结果发现，无论是中国学生还是中国教师，其掩饰倾向都要高于其他国家。由此看来，在中国的文化环境下，师生更容易认为一个量表和问卷是用来评判自己的，从而更倾向于掩饰自己的真实想法。[1]另一种情况是，即便学生想要提供真实信息，有时也会被设计的不科学合理的题目所困惑。比如，一份调研学生参加科技

---

[1] 张韫. 大数据改变教育 [J]. 内蒙古教育，2013（17）.

创新活动情况的调查中有这样一道题目，"本学年平均每周用来参加科技创新活动的时间：A. 2 小时以下，B. 2～3 小时，C. 3～4 小时，D. 4 小时以上"，暂且不说选项设计得是否合理，谁又能比较准确地估算出自己平均每周花在参加科技创新活动上的时间呢？所以，要想获得可信的数据，调查问卷并非是一个好的选择。这种产生于小数据时代的工作手段本身就缺乏准确可靠性。

信息管理方面表现为数据意识淡薄，缺乏数据素养；信息孤岛大量存在，阻碍信息共享；数据管理混乱，缺乏完整性和系统性；重视信息系统技术，忽视了信息的重要性。

数据意识淡薄，缺乏数据素养。当前，学生工作者非常重视学生的实际行为，缺乏数据敏感性和利用大数据的观念与意识。一方面学生工作者苦于学生心理健康难以了解，学生异常行为难以防范，学习状况不可预测，学生个性化辅导缺少方向……这也是传统教育中不少高校面临的问题与挑战；另一方面大量数据存留在数据库中仅是为了存档备份，却没有被真正利用起来。这一切正是因为我们虽然身处大数据时代，却严重缺乏信息化素养。学生工作者没有将大量数据整合、加工，从而为学生提供精准化和智能化服务的先进理念，缺乏前瞻性的眼光和数据敏感性，阻碍了思维革新和行为创新。

信息孤岛大量存在，阻碍信息共享。目前，高校学生工作数据管理存在很多问题，最突出的就是缺乏统一部署和顶层设计。不同职能部门都开发了独立的信息系统并配备了数据库，设计了不同的功能模块，甚至连用户界面都风格迥异，不同的信息系统完全自成体系，毫无关联；数据管理的方法、流程、定义缺乏统一的规范和标准，尚未形成统一的语义网络，数据难以保证一致，阻碍了数据的互通互联，信息资源得不到整合，利用和共享率低下，致使不同部门之间都存在"信息孤岛""荒漠化"与"不完整化"的问题。[①]例如，成绩信息、住宿信息、体能测试档案信息等由不同职能部门管理，相对独立，直接导致的问题就是信息碎片化，使学生工作者无法站在全局的高度全面地审视数据，对学生无法形成完整的评价。

---

① 张跃聪. 大数据时代高校思想政治工作者主体行为探究 [J]. 思想教育研究，2014（12）.

数据管理混乱，缺乏完整性和系统性。近年来，由于高校招生规模不断扩大，新校区不断建设以及校、院两级管理模式的深化改革，导致数据量大幅度增长，数据变化和更新也更加迅速。虽然各高校认识到了传统的学生教育管理方法和模式已经落伍，但在实际工作中依然存在数据管理混乱的问题。没有形成管理大数据的职能部门统筹安排的新格局，而是某个职能部门需要数据时重新统计，不但降低了工作效率，还容易造成数据信息混乱，缺乏一致性、准确性和完整性，更加剧了不同部门之间由于数据语义不同而无法共享的糟糕局面，影响了大数据效用的发挥。

重视信息系统技术，忽视了信息的重要性。如今的信息技术变革的重点在"T"（技术）上，而不是在"I"（信息）上，即国内高校大多重视业务处理系统（即OLTP 系统、在线事务处理系统）建设、轻视在线分析系统（OLAP）建设的思路也影响了数据的质量，导致数据分析的数据建设得不到重视。[①]在信息技术高速发展的今天，各高校都立足本校特点和实际工作需要开发建设了各种信息系统，在信息建设中都采用了前沿技术和科学合理的架构方式，单从这一点上来说确实取得了巨大的进步。但学生工作者在重视信息系统建设和技术的同时，忽略了所收集信息的重要性，没有将关注点放到如何科学收集数据、如何提高数据质量等问题上，导致出现了先进的信息系统却收集不到高质量数据的矛盾局面。现在，学生工作者迫切需要把关注点聚焦到数据和信息本身上。

以上是高校学生工作本身所存在的问题和不足，究其原因，主要概括为以下三个方面。

1. 受小数据时代信息采集设备不足的限制

在信息技术飞速发展的当代，无时无刻不在产生着信息和数据，这些宝贵的第一手资料是高校制定教育决策以及开展工作的重要依据。虽然大数据时代已经到来，大部分高校在信息化建设中取得突破性进展，但总体来说配备的信息采集设备仍然不足，对那些易于采集的数据已经可以很好地获取，但对那些隐藏的、不易挖掘的数据仍有缺失。如在课堂教学过程中对教学过程数据的采集、对学生

---

① 先晓兵，陈凤，王继元，等. 基于大数据的高校学生管理工作研究与实践［J］. 中国教育信息化，2015（5）.

微动作和微表情的捕捉等存在漏洞。在大数据时代，高校信息采集网络还没有织紧织密，也没有做到无死角全覆盖。信息采集设备的不足必将导致数据的不全面和不完整，也必然是大数据背景下高校学生工作存在问题的主要原因之一。

2. 受小数据时代传统思维方式的影响

大数据与小数据时代的传统数据有着最本质的区别，大数据试图聚焦每个微观个体，获取高度个性化的数据信息，这些数据的产生完全是过程性和即时性的，在学生完全不自知的情况下获得。传统数据和思维方式则更关注学生的群体状况，如一个班级的学业水平、一个年级学生的身体素质、一个学校学生对社会的满意度等。这些数据是通过周期性和阶段性的测评来获得的，具有很强的刻意性。虽然大数据时代已经到来，但由于目前技术还未普及，理念还未及时更新，学生工作仍受传统思维的禁锢，还未脱离小数据时代的限制，使高校学生工作无法紧跟时代步伐，暴露出很多弊端。

3. 受大数据时代先进信息管理模式的冲击

随着网络和通信技术的不断发展，各大高校基本都实现了网络化办公，基于实际工作需求开发了各种管理信息系统，学生管理信息化取得了很大进步。大数据时代，部分高校也意识到了数据所蕴含的巨大价值，开始了对在学生工作领域充分运用大数据的探索。但目前的状况是由于大数据素养的缺乏、数据采集和通信标准的不健全、数据治理和分析技术的落后等，导致高校学生工作在信息数据管理方面存在很多问题。

（二）外部挑战：高校学生工作在新环境中面临的冲击

大数据背景下高校学生工作的内部挑战主要是由于高校学生工作本身存在不够科学合理的部分，而高校学生工作面临的外部挑战则是由于大数据时代的到来，导致外部环境发生剧烈变化，从而给高校学生工作带来了巨大冲击。首先，冲击了高校学生工作的人才队伍建设。

1. 大数据时代冲击了学生工作者的主体地位

在传统的高校学生工作中，无论是思想政治教育还是发展指导，都是面向大众的单项传播，学生的自主选择权很少甚至没有。学生工作者立足三尺讲台进行填鸭式的讲授，完全掌握了教育内容和教育形式。学生只能被动接受，基本没有话语权，很容易产生逆反心理和抵触思想。但在大数据时代，信息知识不但可以面向小众传播，还可以互动，而且确立了学生的主体地位，受教育者可以根据自己的兴趣爱好和需求在网络上自主选择感兴趣的内容，教师的话语权被削弱。有了网络这样一个平等、开放、互通的环境，教师和学生有了同等说话的权利，甚至因为学生对新鲜事物接受能力较强，还有可能出现对教师的"反哺"现象。学生工作者从"立法者"变为"对话者"，甚至是"接受者"，其主体地位受到严重挑战和冲击。

2. 学生工作队伍中数据技术和人才相对匮乏

大数据除了具有数据体量巨大、信息类型繁多、价值密度低等特点，不容忽视的另一个特点就是信息增长速度极快。"人类存储信息量的增长速度比世界经济的增长速度快 4 倍，而计算机数据处理能力的增长速度则比世界经济的增长速度快 9 倍。"[①]

随着网络的普及和发展，各大高校基本都及时转变了自己的工作理念和工作方法，开发了 OA（办公自动化）系统，实现了办公网络化，充分利用网络的实时交互性、资源共享、超越时空、人性化、公平性等优点，不断提升工作的科学化水平。然而在现实情况中，技术手段远远跟不上实际工作的需要，只能够对数据量较小且类型单一的信息进行初步分析，况且这种分析还是局部性的，尚不能完成真正意义上的数据采集、存储、挖掘和分析。例如，对于高校学生进行的社会实践，内容涵盖了家庭角色体验、社会角色体验、专业素质拓展等多个主题。随着互联网的发展和手机等移动终端的普及，学生在实践过程中开始更多地采用拍照摄像、视频录制等新媒体形式，同时配合使用现场调查、随机访问、发放问卷等传统形式。实践活动后，学生会根据调研内容撰写调研报告。但在社会实践考核时，为了不仅凭一份调研报告就评判学生的实践优劣，要综合考虑在实践过程中产生的影像资料、访谈语录等所有素材。而这些异源异构的信息之间联系复杂，对其处理方式也各不相同，用传统的统计方法很难完成这项工作。有资料显示，"原始的大数据呈现出一片混乱的状态。从事数据工作的人普遍把 80%的精

---

① 舍恩伯格，库克耶. 大数据时代 [M]. 盛杨燕，周涛，译. 杭州：浙江人民出版社，2013.

力都用在了数据清理上。"①如何对数据进行简洁科学的整理和汇总,并将挖掘出来的有用信息用一种易于理解、方便呈现的可视化效果展示出来对高校学生工作来说存在一定困难。

大数据的开发和利用价值已经得到了社会各界的认可,随着大数据的不断发展和日渐被人们所熟悉,技术上的短板将不再是限制大数据在学生工作中应用的阻碍,人才反倒成为新的短板。《纽约时报》曾经刊登一篇文章,美国作为一个在大数据方面遥遥领先的国家,具备深厚数据分析专业技能的人才缺口竟达到了14万~19万,精通数据分析的经理级人才缺口高达150万。在学生工作领域,同样存在这个问题。在学生工作中采集到的海量数据,需要专门的人才去分析和管理,整个学生工作的大数据分析,将数据采集、数据挖掘、定量定性分析、软件开发及使用能力、创造能力、学生工作领域的专业能力等相融合,跨越多个学科。学生工作者不具备计算机专业的相关能力,面对海量的数据束手无策,无法做出有效的预测和挖掘;大数据方面的专业人才又不懂学生的教育管理,面对密密麻麻的数据无法总结出学生教育管理规律,对其来说毫无价值。跨学科人才方面的匮乏使数据的价值难以得到充分体现。

3. 大数据时代引发对数据的盲目崇拜和对预测能力的盲目自信

目前尚未形成统一的语义网络使高校学生工作运用大数据变得非常困难,"大数据"分析的技术难度很高,本来被赋予明确含义的信息,在机器处理和集成大数据的时候,失去了含义,由于大多数关联子数据库的语义格式并不兼容,因此大部分数据分析仍然需要人工,这是实现以大数据库为基础的"集成问题解决方案"的难点所在。②但很多学生工作者没有意识到这个问题,面对大量数据不但没有采取谨慎的态度,反而出现了对数据的盲目崇拜和对自身预测能力的盲目自信。因此,认为只要是在数据中挖掘出来的信息就一定是真理,既不分析学生的实际情况,也不考虑周围的特殊环境,完全被数据牵着鼻子走。殊不知大数据中并非全部是有效信息,也存在大量垃圾信息和无用信息,数据量并非越大越

---

① 郭晓科. 大数据 [M]. 北京:清华大学出版社, 2013.
② 胡纵宇,黄丽亚. 大数据时代大学生思想政治教育面临的问题及应对 [J]. 学校党建与思想教育, 2014 (13).

可靠，需要学生工作者辨伪存真。另外，学生工作无论是思想政治教育、发展指导还是事务管理一向重视因果关系，有因必有果，这对数据分析的结论非常重要。在高校学生工作中，不能仅仅让数据自己"发声"，也要从数据发出的"是什么"追寻背后的"为什么"，认真分析把握现象背后的因果关系，提升数据的可信度。

4. 大数据时代引发学生工作的思维变革

随着大数据技术的普及和发展，带来了学生工作领域的思维变革。众所周知，高校学生工作的受众群体是学生，是一个个鲜活的"人"。自古以来，教育倡导以情感人、以情育人。尤其是思想政治教育更是易定性、难定量，有含蓄、润物无声的特点。但在大数据时代，人的行为和情感都可以得到量化，充满感情色彩的教育过程可以被数据描绘出来，教育效果同样需要数据支持。这对传统教育来说确实是一个很大的挑战。培养"让数据说话"的意识，让量化研究成为高校学生工作的新方法绝不是一件简单的事情，就像"互联网+"不仅仅是将互联网和传统行业相叠加一样，它不能依赖于将原有的工作思维进行扩充和修改而完成，而是一种工作思维的颠覆和变革，重建了该领域中的一些基本理论、概念、方法和应用。大数据的出现为学生工作创造了可量化的维度，给教育系统带来了巨大的挑战。

5. 大数据时代隐私泄露与信息安全问题

人类的科技进步往往会带来一些伦理问题，技术进步会推动社会变动，但改变或制约人们行动的规则相比于技术通常是滞后的，所以在这段技术先行、相关规则还没有建立起来的空窗期，社会将在之前的旧伦理框架下运行。在大数据背景下，高校学生工作也同样面临伦理问题。因为大数据具有很强的关联性，通过数据分析可能挖掘出一些学生工作者完全没有预料到的问题，偏离了最初进行数据分析的初衷；由于各种传感器和电子设备的广泛应用，它们会24小时记录并保留数据，个人隐私问题亟待解决。例如，从高校人手一张的校园卡中可以读出学生的很多信息：学籍信息、作息信息、食堂就餐情况等，有的高校将校园卡进一步升级为无线传感卡片（RFID），可以随时实现跟踪定位。有的高校还研发出集定位、课堂点名、宿舍情况等于一体的APP供学生安装使用。

另外,在这个大数据时代,几乎所有的线上行为都可以被获取。当学生浏览某个网页、发表某篇博文、逛了某个社交网站或是进行了一次购物时,所有的举动都被以数据的形式记录下来。基于对这些数据的分析,网络可以清楚地知道学生的网页浏览习惯、个人喜好,甚至包括社交关系。将这些单个数据整合起来,对于学生工作来说具有很大的意义,不但可以全方位地了解学生,方便学校管理,更能深度挖掘信息,有针对性地进行消息推送,实现"1+1>2"的功效。但站在社会伦理的角度,所有这些学生信息,原本都是个人隐私。更精准的信息传达,私人方案制定,看似学生工作者能够更懂学生,直达学生内心,但仔细想想,这何尝不是对学生隐私的一种侵犯呢?"在大数据时代,几乎没有什么隐私可言,用户的隐私就是竞争力",说得一点都不为过。学校和学生工作者是否有权利洞悉学生的一切?将学生的所有信息完全暴露于我们的视线下是否合情合理?如何在充分利用数据的同时保护学生的个人隐私?这些是我们不得不考虑的问题。在保护数据隐私的同时,数据安全和存储也是一个重大问题。由于大数据的作用不仅仅限于基本用途,数据的二次和重复使用可以使其产生更大的价值,所以在数据使用中如何确保学生信息的安全,使数据不被泄露和不被不法分子恶意使用,以及谁有权对数据进行合理的二次开发与利用,是政府及高校亟待解决的问题。

任何一个新鲜事物或新技术的出现,都会对原来的旧事物产生影响和冲击,但我们不能因为新事物和新技术表现出来的消极方面就否定它,而是应该勇敢面对,克服不利因素,充分发挥其积极作用,让其为高校学生工作服务。

三、大数据背景下高校学生工作迎来的机遇

与大数据给高校学生工作带来的冲击与挑战相比,更值得一提的是大数据给高校学生工作带来的机遇。最大的机遇便是大数据彻底变革了传统的思维模式。过去不可计量、存储、分析,甚至跟"信息"基本不搭边的事情都被数据化了,对数据的精确性我们更加宽容,也不再热衷于寻找事物之间的因果关系。拥有大量的数据和更多不那么精确的数据以及对于相关关系的关注,为高校学生工作打开了一扇新的大门,也成为学生工作者获得新认知和创造新价值的源泉。

（一）便于收集全体数据，进行工作延展

在过去的很长一段时间里，因为记录、存储和计算的技术不够发达，我们仅能分析少量数据，甚至出现了一些用尽可能少的数据预测未来趋势的技术和学科，比如统计学的目的就是用一小部分数据来预言其他重大发现，我们似乎已经习惯了用最少的数据获得最多的信息，于是在小数据时代，随机采样是一种重要的研究方法。随机采样使许多看似非常困难的问题得以实现，也大大提高了工作效率。比如，在调查学生对某个问题的看法和意见时，不必花费巨大的人力和财力对每个学生进行调查，而只需随机抽查一部分学生即可。随机抽样确实成为现代测量和研究领域的主心骨，取得了很大成功。但随机抽样是在不可能或是必须要花费巨大的精力才能完成对所有数据的收集和分析的情况下做出的无奈选择。

统计学家们证明，随机采样的精确性并不会随着样本数量的增加而增大，而是随着采样随机性的增大而出现大幅度提升，也就是说采样的随机性甚至比样本的数量更重要，这也是随机采样成功的关键。但要想真正实现采样随机性非常困难，一旦采样过程中出现一点偏差，分析结果就会有天壤之别。如果抽样的对象更加复杂，比如是一个学生网络，那么根本不可能找到一个最优的抽样标准，更别提要让抽样得到的小网络能够反映总体的所有特征。更糟糕的是，随机采样不适合用来对子类别进行单独考察，因为一旦继续细分，采样结果的错误率会大大增加。例如，一个对1 000名学生进行的调查，如果要细分到"大学二年级的少数民族女生"，调查的人数就远远少于1 000人了，即使是完全随机的调查，也不可能只用少数的人来预测整个学校大学二年级的少数民族女生的意愿。所以，当我们想了解细分部分的情况时，随机采样的方法就失效了。在宏观领域有效的方法在微观领域就不可取了。随机采样的结果只可远观，无法准确地聚焦到某个点。除此之外，由于随机采样是提前计划和安排好的，我们只能从采样数据中得到预设的答案和结果，而不可能采集到突然意识的问题或出现的新问题，所以随机采样的结果缺乏延展性，调查结果不能用来分析计划之外的其他目的。

而现如今，数据存储和计算能力变得简单容易，各种传感器和移动终端也收集了大量数据，当我们可以很轻松地获得数据的时候，采样也就失去了它原有的

意义。随着大数据的发展，在教育领域，从收集部分数据到尽量收集全部数据已经成为可能，我们力争做到让"样本=总体"。通过利用所有的数据，我们可以对一些细节进行考察，甚至对某些子类别进行深层次的研究。需要注意的是，这里的大数据的"大"，取的是相对意义，并非所采集的数据量有多大，而是保留所有数据、丢弃随机分析的方法。Lytro 相机就是将大数据运用到了摄影中。传统的相机只可以记录一束光，但 Lytro 相机可以记录所有光，最多可达 1 100 万束。因为可以捕捉到所有数据，所以用户没必要在一开始就聚焦决定生成什么样的照片，可以在拍摄之后再根据需要决定。所有的光束都被记录了，就相当于采集了所有的数据，因此这些照片不是一次性的，更具有可循环利用性。学生工作领域也是如此，学生工作关注每个学生的方方面面，既包括学生的思想动态、认知方式、行为举止、情感需求等，也包括各种随机性、即时性的动态与现象。大数据时代每个学生都是大数据的制造者、传播者、共享者和分析对象。[①]我们没必要事先决定需要哪些信息，而是尽可能多地收集所有学生的所有信息，并根据工作需要用大数据去探索新的论证和假设。

（二）益于接收混杂数据，提高工作效率

在传统的工作中，对"小数据"而言，收集到的数据十分有限，一旦任何一个地方出现细小的错误可能都会对全盘数据分析产生非常大的影响，所以在数据的收集和整理过程中，最基本也是最重要的就是减少错误，对数据的精确度要求非常苛刻。无论是家庭经济困难认定还是优秀学生评选，为了使结果更加准确公正，大部分学生工作者都致力于优化考核方法和测评手段。但是在大数据背景下，我们几乎可以掌握整个样本的数据，但为此也要付出一定代价，那就是有些不准确甚至错误的数据也会混杂进来。在大数据时代，允许不精确的出现已经不是缺点，而是一个新的亮点。大数据极强的容错性可以让我们对细小的错误忽略不计。例如，在每年度的家庭经济困难认定工作中，传统的做法是根据影响家庭经济情况的几项指标对所有申请学生的家庭经济情况进行量化评估，按其评估分值进行排序，初步判断学生的困难程度，并综合考虑学生的消费情况、操行表现等。由

---

① 张跃聪. 大数据时代高校思想政治工作者主体行为探究 [J]. 思想教育研究，2014（12）.

于学生消费情况无法准确衡量,所以对于影响家庭经济情况的几项指标数据的采集务必十分精确,但学生可能出现瞒报谎报等情况,要想获得精确的数据十分困难。在大数据时代,情况则完全不同。

除对几项指标进行量化外,还可以收集学生的校园卡消费信息、网上购物信息,甚至可以获取这部分学生的全部信息,由于数据量增大,因此不必拘泥于信息的极度精确,收集到的信息中也必然包含了很多不准确甚至错误的信息。但这海量的数据不仅能抵消数据不准确造成的影响,还能实时追踪更新每个学生的不同信息,提供更多的额外价值,在挖掘出我们想要信息的基础上,更能掌握事物的发展态势,真实、客观地认识和了解每个学生。

除了接受大数据带来的内容方面的混杂性,其在结构方面也有很多混乱。学生在网络上以及各种传感器产生和捕捉了大量音频、图像、视频等信息,这些都是非机构化数据。目前,人类社会产生的数据中,只有5%是结构化数据,剩下的95%都是非结构化数据。正是这些看似不够精确、结构比较混乱的数据给我们打开了一扇提高学生工作效率的窗户。我们既不必花费大量的人力物力去寻找事物唯一的答案,也不必为了提高数据的精确性而付出很高的代价,更不必害怕某个单元或环节的信息错误而对全局结果产生不利影响。大数据教会我们不要纠结于信息的极度准确,而要接受更加纷繁复杂的数据,大数据绝不是海量数据优于少量数据那么简单,而是大数据的简单算法会比小数据的复杂算法产生更好的效果。

(三)利于挖掘关系实现工作预测

在小数据时代,我们更加注重分析事物的因果关系。根据自己的经验,从建立假设开始,然后采集数据和收集证据来论证自己的假设,假设要么被证实要么被推翻。但由于分析的本身是源于假设,整个过程难免会受到偏见的影响以及自身经验和阅历的限制,很容易导致错误。在小数据时代,我们也会进行相关关系分析,但由于数据采集困难,要想收集分析数据耗资巨大。并且由于计算能力欠缺,大部分相关关系分析都仅限于寻求线性分析,但实际情况绝非这么简单,经过复杂的分析,数据之间也存在非线性关系。在大数据背景下,可用的数据如此之多,相关关系真正发挥了它的价值。相关关系的核心是找出两个数据之间的数理关系。

相关关系是指一个数据会因为另一个数据的增加而增加。如果找到一个现象的关联物，相关关系可以帮助我们更方便、更快捷地分析现在和预测未来。如果A和B经常一起发生，只要我们观察到A发生了，就可以预测B也可能发生了，尤其当B是一个不易直接测量和观察的现象时，通过A就可以捕捉和推测B。相关关系虽然无法预知未来，但这完全是基于数据对未来的预测，不容易受到偏见的影响。众所周知，一个高校学生从刚入学到变成贫困生的过程，不会是瞬间的，而会逐渐暴露出问题。通过对数据的收集，我们可以事先发现该生要出现问题的信号，比如到课率下降、迟到早退现象严重、作业上交不及时等，这都为问题的发生敲响了警钟。我们把这些异常情况与正常情况进行对比，尽早重视该生的状况，就能在问题形成之前主动采取帮扶措施，防止事态恶化。

因此，大数据时代更加注重相关关系，而不是因果关系。通过找到一个关联物并监控它，我们就能知道将会发生什么，而不是为什么会发生。但实际情况是当我们知道了"是什么"，也就是进行相关关系分析后，我们又想知道"为什么"，于是会继续追问背后的因果关系。所以相关关系分析同时也是研究因果关系的前提，只有找出可能相关的事物，才能在此基础上进行因果关系分析，只有预测出问题的发生，才能及时地追寻问题根源并解决问题，相关关系分析在很大程度上能够在指导因果关系上起作用。

大数据时代带来了很多学生工作的思维变革，打破了很多常规理念和研究范式，但更多是带来了前所未有的新思路，将会推动高校学生工作方式的转变。这种巨大的价值和影响使我们对于大数据的理念和方法的选择将不再是一种利弊的权衡，而是一种必然的改变。

第二节　大数据背景下高校学生工作转型的内容

随着网络技术的发展，大数据将蔓延至各传统行业和领域，同样将会为教育领域打开一扇崭新的大门。大数据浪潮将改变人们的价值观念和生产生活方式，也给高校学生工作带来了前所未有的挑战与机遇。只有通过高校学生工作的转型才能打破原有的工作阻碍和壁垒,更好地抓住机遇、解决问题、应对挑战。所谓转型,是指事物的组织机制、运行模式和人们的思想观念等在与外界环境的互动中发生根本性转变的过程,也是一个求新求变和主动追求创新的过程。高校学生工作转型是根据外部社会环境的变化,对高校的战略决策、运行模式和工作方法等进行动态的调整,用符合时代发展要求的新模式取代原有的旧模式,以此实现更高层级的工作目标。下面主要对高校学生工作转型的内容进行论述,这些转型有的已经发生,有的正在发生,有的则将要发生,无论哪种情况,都将推动高校学生工作在新环境中迈向一个新的台阶。

一、大数据促进高校学生工作模式的转型

工作模式是工作方式的范本。高校学生工作模式代表了高校学生工作的标准样式,主要包括前期的工作决策、过程中的工作措施和后期的工作评价,工作模式贯穿于高校学生工作的始终。

(一)工作决策从传统的政策型向以多元证据为支撑的现代型转型

工作决策的制定必须从实际出发,综合运用现代科学的新成果和先进的技术手段,在科学预测的前提下,切实把握教育对象的变化规律和条件,为实现特定的目标,从多种预选方案中做出优化抉择,以获得最佳的或满意的经济效果和社会效果。[①]在整个高等教育强调以民为本,工作决策领域兴起"以证据为本"的浪潮,尤其是信息与数据的采集将不再是难题之后,传统意义上的决策模式,如调研、座谈等将不再符合时代的发展要求。在《中共中央关于全面深化改革若干重大问题的决定》中要求中国教育"全面深化改革",其中最重要的就是教育决策改革,从传统的政策调研和观点型向以多元证据为支撑的现代型转型。

随着数据对事物样貌的还原和预测分析能力越来越强,依赖数据提供的多元证据为支撑的决策更为科学、客观和理性。近期一项研究在调查了 179 个大型上市公司后发现基于数据分析结果来进行决策的公司享有 5% 的其他方面因素无法

---

① 朱坚强. 教育经济学发展 [M]. 北京:社会科学文献出版社,2000.

解释的生产率增长。依赖数据和实证的决策在教育领域也备受青睐。美国联邦政府教育部技术办公室发布的《通过教育数据挖掘和学习分析改进教与学：问题简介》中指出，在教育数据挖掘和学习分析中将开始应用大数据。在国际中也出现了很多广泛收集教育数据的研究项目，如国际学生评估项目（PISA）。该项目是由经济合作与发展组织（OECD）发起和组织的，其宗旨就是为工作决策提供数据支撑。另外 OECD 长期以来与各成员国在教育数据库上的工作也显示出现代教育政策有可能会处处都受益于这些经科学研究处理过的大规模数据证据。[1]

借助大数据技术提供的大量数据和实证进行的工作决策具有很多优势。首先，通过对涉及学生与教育方方面面的海量数据进行收集、挖掘和分析，运用定性与定量相结合的方式，通过对数据信息的可视化展示，启发决策者开阔眼界和思维，多角度、立体式、全方位利用数据，全面了解教育系统特征，科学评估教育发展现状，认识目前存在的问题，做出更科学合理的决策。其次，大数据具有很好的预测能力，通过对数据的分析找出高等教育发展规律，预测未来发展趋势，使决策者站在一个更高的平台上对全局进行掌控和把握，用前瞻性的眼光审视未来可能出现的问题，制定出具有可持续发展属性的工作决策。另外，大数据可以对整个教育情况进行监测，不仅可以在宏观层面上发挥良好作用，也可以聚焦微观层面，将贯穿工作决策过程中的问题通过数据的形式描述出来，这个反馈的过程也可以做到迅速及时，通过数据反馈，让问题得以及早发现，有利于决策者更好地调控系统，制定更加以人为本并富有个性化的工作决策。

大数据时代的教育不再是依靠理念和经验传承的社会学学科，而工作决策也将相应地转变为实证科学中的一个具体问题。[2]其克服了以往高校学生工作中无法科学理性地制定决策的不足，使高校学生工作向着提供科学的事务管理方向大步迈进。

---

[1] 陈霜叶, 孟浏今, 张海燕. 大数据时代的教育政策证据：以证据为本理念对中国教育治理现代化与决策科学化的启示 [J]. 全球教育展望, 2014（2）.
[2] 张燕南, 赵中建. 大数据时代思维方式对教育的启示 [J]. 教育发展研究, 2013（21）.

（二）工作措施从被动的数据应用到主动的数据挖掘的转型

1. 大数据背景下创新数据采集方法

不同时代有不同的数据采集和使用方式，大数据时代要立足于在数据获取、存储、共享以及计算机计算能力飞速发展上的优势，突破传统的思维定式，克服技术局限，不断探索适用于新时代的数据采集方法。不但要拓宽采集渠道，还要丰富数据采集类型，除了结构化数据，更要关注非结构化数据，尽可能覆盖到与学生相关的所有信息，在采集的过程中不仅要做到采集的广度和深度，更要注重细度。

高校学生工作是一个系统性工程，在数据采集时要树立全局意识，既要采集横向信息，如学生个人信息，与学生相关的教学信息、学生管理信息、医务保障信息等，也要包括纵向信息，以时间为坐标轴汇总学生从入学到毕业，甚至离开校园走上工作岗位以后的各阶段数据，通过纵横信息交叉，形成一个网络化的学生工作信息管理系统，将所有与学生相关的信息都囊括其中。网络化的信息管理系统在一定程度上彰显了学生工作的机制，即学生工作不是一个部门的工作，而是高校中所有部门的工作，不同部门之间有一种相互关联、相互配合的紧密关系。

网络化的信息管理系统彰显了教育合力。要想将这个数据网络织紧织密，在工作中需主要收集以下三类数据：一是个人信息数据，主要来源于学校与学生工作相关的各分管部门所掌握的数据。例如，招生办公室的学生招生信息，档案部门的学生档案信息，教务处的学生学籍信息，公寓管理部门的学生住宿信息，学生工作部门的学生奖惩信息等。二是传感数据，主要来源于校园数字化管理平台和各种传感器、物联网等收集到的数据。例如，校园一卡通，学生进出教室、宿舍、图书馆及实验室等场所的记录，图书借阅记录，就餐消费等数据信息。三是交互数据，主要来源于学生在各大网络社交平台和网络课堂等网络空间所产生的动态数据，如聊天信息、购物记录和搜索记录等；还有通过安装在校园、宿舍、教室等场所的感应设备等采集的学生行为信息，如听课时的微表情、微动作等，这些都能反映出学生对这门课程的投入度、关注度以及与教师的互动等。在这三类数据中，个人信息数据和传感数据属于静态数据，个人信息数据是学生的属性数据，传感数据记录了学生的生活活动轨迹，一般都是结构化数据，非常容易获得。交互数据属于动态数据，包含了大量非结构化数据，主要记录了学生在网络这一特定领域的情感行为变化以及由感应设备所还原的学生生活的真实样貌。相比于个人信息数据和传感数据而言，交互数据的获取相对困难，需要专业的设备和技术支持。

高校要根据工作需要，在继承传统工作中优良做法的基础上，不断开拓，创新对数据资源的管理与共享，加快数据标准的统一，明确语义网络，规范数据管理和使用的方法与流程，厘清不同数据之间的关系，搭建临近领域数据库，整合种类繁杂的混乱数据，实现不同系统之间数据的良性互动和分享，避免自成一家，消除"信息孤岛"。例如，学生学籍管理系统、学生医疗保健管理系统、学生志愿服务管理系统的数据，可以通过数据接口进行交换和汇总，并利用云计算对数据管理系统和校园网络系统进行整合，聚集更多的教育资源，构建一整套科学合理的数据采集、存储、交流以及应用决策流程。

2. 大数据背景下规范数据使用流程

在数据安全和合理合法使用的基础上，高校工作者要根据工作需求和传统的工作经验，利用发展性的眼光和创新性的做法，探索构建一套数据采集、利用以及决策的科学化流程，将原来各系统分散的工作整合起来，让数据在各组织之间合理地流动起来，使各学生工作部门充分利用大数据的力量，防止沟通不足、条块分割。以假期开学后的学生注册工作为例，需要辅导员、教务员、学工办主任以及各班班长、生活委员等通力合作，统计汇总学生报到返校的相关信息，并逐级上报到学校分管部门，这是数据采集汇总的过程，与以往工作并无很大差异。分管部门在收到全校学生的报到返校情况后，往往只会进行简单的统计汇总，看有多少学生没有按时到校，具体原因是什么，有没有少数民族学生等，以便维护正常的教学秩序，防范安全事故，此项工作做到这里基本也就结束了。但在大数据时代，这样的工作流程并不科学完整，甚至只做到了数据收集，还没有进行深度的数据挖掘、分析利用和信息反馈。分管部门在收到全校的报到返校信息后，在进行简单的汇总统计基础上，可以对比各学院近几年的报到率有没有变化，学生报到率的变化与学院近几年的发展有没有内在的联系，不同学科门类之间的报到率有没有显著的差异，甚至可以挖掘哪些学生经常不按时返校，再结合学校教务数据库的信息，分析不按时返校这件小事与学生的学业水平有没有关联。信息挖掘绝不限于以上几种，可以根据学校管理需求，整合不同组织和部门负责的数据库资源，如对学生学籍信息库、成绩管理库、财务系统等进行分析利用，充分展现数据价值。

除此之外，最重要的就是结果反馈。要将分析结果通报各学院，各学院还要将结果具体通报至各个学生班级，根据出现的问题提出改进意见。衍生出来的分析结果可以在学院领导层面上进行分享交流，以期发现平时关注不到的问题。这只是高校工作中一个最普通的环节，其他工作也是如此。这些需要有关部门对工作流程进行科学的规划，并根据实际情况不断优化，在各项完善的规章制度保障下，在不侵犯学生个人隐私、防止学生信息泄露的基础上，通过数据挖掘、分析利用促进学校人才培养目标的顺利实现。

3. 大数据背景下挖掘数据的隐含价值

传统教育普遍认为，良好的行为习惯是提升学习成绩的重要保证。在这些行为习惯中，上课不迟到早退、经常去自习室等行为与学习成绩直接相关。早起早睡、有规律地洗衣服、收拾房间等虽然不能直接提高学习成绩，却反映了学生积极向上的精神风貌、良好的生活状态和较强的自律能力，这都是良好成绩的必要因素，与学习成绩间接相关。不过，这些被普遍接受的结论很难被定量描述，也缺乏一定的证明和说服性。如果能将这些现象进行定量的证明，充分挖掘数据背后隐含的价值，并提出一些参照性的建议，那么这项研究的意义将非常重大。

事实上，在小数据时代，要想印证良好的生活行为习惯对学习成绩产生的积极影响非常困难，也很难清楚地了解不同成绩水平的学生群体与他们的行为特征之间的对应关系。但在大数据背景下可以挖掘出数据隐含的价值，描绘出学霸的生活轨迹和行为规律，看似不起眼的洗澡时间、打水次数、吃早饭次数等最普通的数据也能说明很重要的问题。所以在大数据时代，学生工作者不能忽视和轻视任何一个数据，要挖掘出数据背后隐含的价值，让数据给我们提供更多的建议，让数据告诉我们更多无法发现和印证的规律。

大数据时代，"数据"就是生产力，从被动的数据应用向主动的数据挖掘的转型是实现新时期高校学生工作目标的重要基础，同时解决了以往高校学生工作中缺少准确可靠的工作手段的问题。

（三）工作评价从传统经验型向客观科学型的转型

工作评价是学生工作中一个非常重要的环节，无论是课堂教学还是一项活动的举办，只有得到了客观、科学、公正、全面的评价，才有利于各项工作积极改进，发挥出评价机制应有的作用。但长期以来，工作评价主要是依赖于经验和以结果为导向的，评价维度单一，对过程中的细节和数据没有引起足够的重视，不够客观科学。

大数据技术可以改进以上问题的弊端。大数据技术可以记录并分析教师与学生的长期行为，做到不遗漏任何一个动作和细节，得出个性化、有针对性的教学行为、习惯和方式方法。通过大数据的分析，不仅可以拉近教师与学生的距离，还可以利用先进的技术分析教育活动、评价教育过程，进而提升教育效果。

首先，教学评价从传统的经验型向客观的科学型转变，在海量数据中挖掘出教育教学活动的规律。比如，在课堂教学活动中，记录学生的表情、动作的转换、在某一页书上停留的时间等，挖掘出教师讲授的知识大部分学生是否能够理解，教师授课的形式学生是否乐于接受，如果大部分学生出现了皱眉、摇头等动作，则说明这个知识点需要教师重复讲授。在新一代的在线学习平台上，通过记录学生点击鼠标的行为，研究学生的学习轨迹，在每个知识点上用了多长时间，哪类题目容易出错，哪个公式没有掌握，这些高度个性化的数据可以分析每个学生的个体行为。

其次，实现了对学生进行多角度、全方位、立体式评价，而不仅仅是凭考试成绩的单一维度来评价。通过数据挖掘和分析，更全面清晰地了解学生的所思所想和所作所为，而不仅是让考试成绩一锤定音。例如，通过学生点击红色网站的次数、购买思想政治类相关内容的书籍、在网络上参与相关话题讨论等，了解学生的政治理论素养情况。如果在同一个班级中，某位同学与班内其他同学之间的联系很少，基本没有产生通信数据，则说明该生在人际交往方面出现了问题。即便是一次考试成绩，通过数据分析也可以更深层次地剖析出问题，是记忆力好，还是逻辑思维能力强，或是学习方法得当，以便对每个学生有更个性化的评价。

最后，工作评价不再依赖于结果评价，真正实现了过程性评价。传统的工作评价以结果为导向，忽视了教育过程，更在乎的是教师教得好不好、学生成绩好不好、活动办得好不好、工作总结好不好。而在大数据背景下则完全克服了这一弊端，在师生不知情的情况下，可以利用先进的技术手段，记录下整个活动的所有过程和细节，避免了填写调查问卷时可能出现的刻意和掩饰。经过数据汇总和分析，发掘一些仅通过活动总结无法发现的问题。

评价方式的转型克服了以往工作中容易出现主观、片面的不足，有利于高校学生工作更加客观、科学和理性。

二、大数据促进高校学生工作方法的转型

工作方法，顾名思义，指的是采用一定的思维方式，运用一定的工具，来完成某一项具体的工作。所处的环境不同，工作方法固然不同。在大数据背景下，传统的工作方法已不能适应时代的发展要求，亟待转型。

（一）从获取学生碎片化信息向洞察学生真实状况的转型

小数据时代，学生工作者对学生的了解是片面和局限的，我们获取的往往是学生在某一方面的碎片化信息，无法对学生形成完整和系统性的认识。但大数据时代，学生工作者再也不用担心仅通过这些碎片化的信息而对学生的了解不够真实全面，我们将比以往任何时候都更加走进学生。毫不夸张地说，凭借先进的技术和足够大的存储空间，对所有学生产生的所有数据进行实时采集将不再是梦想，学生工作者能够更加全面科学地读懂学生，使学生工作从获取碎片化信息向洞察学生真实状况转型。

首先，数据的收集是由机器自动完成的，学生完全是在不知情的情况下表现出最真实和自然的一面，这其中不掺杂第三方的干预。大数据通过这种方式采集的信息与传统的问卷调查、交流谈心、团体辅导等方式相比，能够将外界干扰降到最低，大大减轻了学生的心理压力，让其在轻松自然的环境中还原事情的本来面目，所以，大数据的数据源是纯净而准确的。其次，大数据的数据采集要求做到"样本—总体"，这就要求学生工作者在采集数据信息时要开阔思维，多角度、全方位、立体化地把握事物全貌，除了采集结构化数据，更要注重非结构化数据，数据来源也要兼具广泛性、多元性和全面性的特点，不遗漏任何一个信息点。最

重要的是，大数据时代，信息的增长和传播速度远远超过人们的想象，在这种新形势下，学生的思维敏捷性和跳跃性不断提高，思想、感情、对事物的认知也处于不断的变化中。当学生工作者注意到这些变化时，其收集的数据早已成了过去时，数据价值大打折扣。大数据技术则能够很好地克服学生工作者在面对变化和改变时所产生的反应时间，采集到珍贵的过程性、即时性数据，掌握事物动态和发展趋势。

从获取碎片化信息向洞察学生真实状况的转型克服了以往高校学生工作中无法全面准确地认识了解学生的不足，同时也为实现对学生进行精准的思想政治教育和个性的发展指导奠定了坚实的基础。

（二）从被动接受学生行为向主动预测学生行为的转型

大数据时代，学生工作者面对突发事件束手无策的局面将很少出现，因为我们将不再被动地接受学生行为，转而主动预测学生行为。在大数据背景下，根据收集的海量数据，通过设置科学的数据观测点，将观测点上的行为进行相关分析，在问题萌发的初始阶段便能发现异常，学生工作者能够实时感受和预知所有学生的心理、学习、习惯等个人和群体状态，而传统方式下，大约只有20%的学生情况可以被把握，学生工作在大数据时代有了更高的主动性。

但数据收集仅仅是预测学生行为的第一步。在这些杂乱无章的海量数据中，学生工作者要进行数据挖掘分析，探寻不同现象之间的相关关系。电子科技大学的教育大数据研究所开发了一套基于大数据的"学生画像"系统，覆盖了全校两万余名本科生，利用学生在校期间的活动轨迹，在学习成绩、心理健康等方面进行积极预测。

在学生的学习成绩方面，"画像系统"可以描绘出所有学生的学习状态，预测学习成绩，并已经成功实现了挂科预警。挂科预警主要从两个方面进行分析：一是学生过去的学习基础，众所周知，先导课程的掌握程度对后续课程有很大的影响，通过分析学生已考科目成绩、已考科目与将考科目之间的相关性进行预测；二是学生的学习生活规律和努力程度，如学生在一定时期的作息规律，以及进出图书馆的次数、相关课程的图书借阅量、教学楼打水率等。通过对这些数据的计算，便可预测出学生挂科的可能性，如果有学生正处于可能挂科的边缘，系统会将类似于"某同学电工学有86%的可能性挂科"的信息推送给该生辅导员,辅导员可以提前介入,对学生进行帮扶。若在小数据时代,除非学生已经挂科,否则辅导员无法提前得知,即使学生出现挂科情况,挂科原因也很难准确分析。

在心理健康方面,高校学生从高压的高中环境进入大学这种完全依靠自我教育、自我管理、自我服务的宽松氛围中,无法完全适应,再加上抗压能力和抗挫折能力较弱,很容易产生心理波动,出现心理问题。近年来,高校学生跳楼、伤害同学、虐待动物等事件频繁发生。通过对高校中产生的数据进行分析,如果跟踪发现学生的近期行为与平时掌握到的习惯不同,则需要引起学生工作者的高度重视。如在对学生的网络行为监测过程中,发现该生近期搜索的关键词中消极词汇居多,在论坛、贴吧等平台中也总是留有负面评论,则说明该生近期生活状态比较灰暗,学生工作者要关注该生的心理健康状况,及时进行心理干预和疏导。除此之外,抑郁是高校学生中比较容易出现的一类心理问题。抑郁易感人群中有一些共同的特性,如性格孤僻、有强烈的孤独感等。电子科技大学的教育大数据研究团队发现,在高校中孤独的人更容易出现心理问题,且概率要比一般人高出一个数量级。因此,研究团队试图设计算法,依据"三十天内,两个素不相识的人,有两次或两次以上前后脚打水、打饭、进公寓、进出图书馆或坐公交车经历的概率,不超过十二万分之一"的结论,计算出学生的在校朋友圈并将其孤独感进行量化。透过高校学生的行为动态预知其隐含的心理问题,为及时关注和疏导争取时间,这对于开展心理健康教育工作有很大的益处。

除此之外,通过挖掘学生工作中的相关关系,监测学生行为习惯中的异常举动,也可以实现成功预测。例如,宿舍门禁刷卡记录与学生学习成绩之间的关系:如果某个学生平时回宿舍的时间是晚上10点,近期回宿舍的时间长期维持在晚上8点,则在回宿舍时间这个数据观测点上出现了异常,这时就要引起学生工作者的重视。该生突然改变了作息时间,可能生活中出现了变故,导致的直接问题是晚上自习时间减少,学习成绩很有可能会出现下滑,此时学生工作者就要提前做好了解和帮扶工作,预防事件发生。校园卡就餐信息与学生思想动态变化之间的关系:在监测的学生校园卡就餐消费数据中,发现某个学生的就餐消费额出现了大幅度降低,说明该生近期出现了财务危机,这必然会引发该生的情绪变化,此时就要高度重视该生的思想动态，如果没有对消费数据的监测，很难在学生表露出任何异常之前预测学生未来的行为动态。同学之间通信数据与人际交往之间的关系：同一个班级或宿舍的同学之间一定会产生一些通信数据，如果发现某位同学与班内或宿舍内其他同学很少产生或几乎不产生任何通信数据，则说明该生在人际交往方面出现了问题，这种问题如果没有数据发声，仅靠日常观察很难发现。若在校期间连续三天没有监测到某位学生进出宿舍的刷卡记录，则要进行异常行为预警，该生有可能失联。

事实上，这几个相关关系仅是学生工作中的冰山一角，而有价值的相关关系存在于学生工作的方方面面。对大数据的挖掘和分析给了学生工作者很多惊喜，发现了很多如若不然将会在大量数据中被淹没的苗头和迹象。通过对观测点上数据的收集、与日常数据的对比、与平均数据的比较、与其他数据相关关系的挖掘从而构建分析模型，预测学生未来的行为，对学生进行有针对性的指导和干预。

（三）从传统的集体教育管理向个性化服务的转型

随着时代对人才培养质量的要求越来越高，社会呼吁高校培养出更富有个性和创新精神的人才以适应未来社会的不断变化。国际个性化教育协会（International Personalization Education Association，IPEA）将个性化教育定义为："为受教育者量身定制教育目标、教育计划、教育培训方法、辅导方案并加以执行，组织相关专业人员为受教育者提供学习管理策略和知识管理技术以及整合有效的教育资源，帮助受教育者突破生存限制，实现自我成长、自我实现和自我超越。"[①]在技术短缺和存储能力不足的小数据时代，个性化教育使学生工作者备受困扰，但在大数据时代，能够让因材施教成为可能。而这一切通过传统的集体教育是绝不可能实现的。

在商业领域，大数据的个性化服务早已有了很多成功案例。通过在网络上收集用户的行为轨迹和购物喜好，从中挖掘出用户可能感兴趣的产品和服务，从而向顾客提供个性化的推荐。当我们在网络上搜索想买的书籍时，系统会根据该书的主题自动推荐内容相似的书籍以供选择；当我们登录微博时，系统会自动推荐

---

① 杨妮，熊健杰. 美国高中个性化教育策略及其启示[J]. 教育导刊，2013（1）.

你可能认识或可能关注的人群,这就是大数据个性化服务的良好应用。

个性化服务在教育领域的应用是一个发展趋势。我国政府在 2010 年颁布的《国家中长期教育改革和发展规划纲要（2010—2020 年）》中提出"关注学生不同特点和个性差异,发展每一个学生的优势潜能。"纲要中还提出要为学生构建个性化的教育环境。[①]面对如此高的要求和挑战,大数据技术和理念可以很好地解决这个问题。例如,学生在互联网上的点击记录、浏览痕迹、发表的博文评论等可以很好地反映出学生的生活状况、认知倾向、兴趣爱好等私人信息,甚至学生的体验、感受等心理数据。这些数据都具有高度个性化的特征,对其他个体没有任何意义,但对特定个体举足轻重。通过捕捉不同学生对不同事物的需求,有针对性地推送学生感兴趣的内容,如相关主题的书籍、文章、影音资料等,潜移默化地对其进行感染和引导。亚利桑那州立大学就通过挖掘"Facebook"页面数据为学生提供个性化的学习指导。

又如,一种智能自适应教学系统在学生的个性化教学中已得到充分应用和展示。这一系统会根据所收集的学生背景、行为和评估等数据即时决定和随时调整个人每一步的学习内容,以及提供相应的反馈和指导。[②]如果学生在某一知识点上得分率很高,系统自动屏蔽与此知识点相关的题目,反之,则会增加与此相关的题目进行强化训练。通过这种个性化的服务,让学生将精力更多地投入自己的薄弱环节中,达到事半功倍的效果。在这个信息爆炸的时代,大数据技术同样可以将"信息过载"的难题转化为对学生的个性化指导。例如,同样是"计算机科学与技术"这门很多学院都会开设的基础课程,针对不同学院学生的学科背景推送不同的学习内容。在计算机学院、信息学院等工科学院,重点推送一些理论性的、难度稍大的附加内容开阔学生的思维。但对管理学院、经济学院等文科学院则重点推送一些如何将所学知识在日常生活中进行应用的实践内容。即使在同一个学院,根据自适应教学系统所反映出的不同学生的学习行为习惯和特点,也要推送不同的内容,让学生通过大数据应用得到个性化的指导和更多的配套资源。

---

① 国家中长期教育改革和发展规划纲要（2010—2020 年）[EB/OL]. (2010-07-09)[2021-06-28]. http://www.gov.cn/jrzg/2010 – 07/29/content_1667143.htm.

② 沈学珺. 大数据对教育意味着什么 [J]. 上海教育科研, 2013 (9).

综合而言，高校学生工作从传统的集体教育管理向个性化服务的转型克服了以往高校学生工作中无法提供具体有针对性的个性指导的不足，有利于为每个学生提供私人定制的发展方案，实现个性发展。

（四）从控制舆论走向向运用数据掌握话语权的转型

中共中央国务院颁发的 16 号文件《关于进一步加强和改进高校学生思想政治教育的意见》中指出，在新形势下要努力拓展高校学生思想政治教育的有效途径，主动占领网络思想政治教育新阵地。但在小数据时代，这种占领是不彻底的，是盲目而没有针对性的。因为思想领域本来就具有不确定、私密和动态变化等特性，很难直接测量，我们无法确切地知道当代高校学生真正喜欢什么，关注什么，只能根据国家的重大政策和时事热点对思想政治教育进行部署，虽然能较好地控制高校的舆论走向，但也始终无法摘掉思想政治教育说教、乏味的帽子，具有很强的无力感。

大数据让高校对学生的思想引领从被动变为主动，主动出击，不断提升话语分量。充分运用数据挖掘发现既有时代特色，又有中国情怀，同时能被广大高校学生所关注的情况和话题，在此基础上设置主题进行思想政治教育和一系列研究讨论活动。还要根据当代高校学生的成长环境和背景，选择其乐于接受的话语体系、活动方式和传播途径，如专家访谈、线上交流、时事评论等，积极主动地引领高校学生把握时代脉搏，树立符合时代要求的新思想和新观念。

除此之外，高校应该与各大媒体建立良好的合作关系，依托新华网、新浪网等网络媒体，以及百度、谷歌等搜索引擎和微信、微博等社交软件建立以大数据挖掘分析为基础的网络舆情监控平台，通过对数据信息的动态监控和内容分析，及时掌握广大高校学生对重大公共事件的观点和看法以及事件的发展趋势，第一时间发现苗头性和倾向性问题。对于正面积极的信息，通过舆论宣传放大其音量；对于负面消极信息，则要及时查明情况、疏导控制、降低其话语音量。因此，通过大数据不但能掌握话语主动权，还能随时掌握事态的发展动向和趋势，形成预警机制，避免突发事件的发生。高校学生工作真正从控制舆论走向向掌握话语主动权大步迈进，这也是后续开展精准的思想政治教育的前提。

三、大数据促进高校学生工作数据管理的转型

大数据时代，数据得到了前所未有的重视，也将释放前所未有的价值。高校学生工作中对数据的管理必将走上一条科学、正规的道路。数据规范的完善与落实对高校学生工作的实施起到了保驾护航的作用。只有具有规范的数据标准并严格遵循，才能使高校学生工作在大数据时代不受杂乱无章的数据所困，充分发挥数据价值，并能使学生隐私和信息安全得到保护。

（一）从缺乏统一部署与顶层设计向完善数据标准与使用规范的转型

目前，高校中还没有成立专门机构对数据进行管理，但在学生工作中，不同部门对数据都有大量需求，于是不同部门各自为政，开发不同的信息系统，又没有完善的数据标准和使用规范，严重缺乏统一部署与顶层设计，导致数据难以保持一致，阻碍了数据共享，大大降低了数据价值。

为确保对数据的管理、使用和共享，前期在数据收集时要严格遵循一定的数据标准，各大高校可以参考教育部出台的《高等学校管理信息标准》中的"学生管理数据子集"规范，根据学生工作的实际需要，建立高校学生数据信息采集编码规范及相应的子集规范，统一学生、各职能部门和业务系统编码，给其分配唯一编码贯穿所有应用始终；制定完善编码、数据信息的管理、更新和维护规范。如针对高校学生电子行为，制定校园一卡通、网络认证等数据标准，规范电子行为数据。

在大数据背景下，每个人都产生数据，也都消费数据，所以在学生工作的大数据管理和使用中，要充分调动每个人的积极性和主动性，力求全员参与。高校可以根据自身特点建立两支队伍，一支是专业队伍，即信息管理员队伍，该队伍的工作人员根据数据标准和管理规范统一数据管理，对各部门信息采集、存储、共享和使用等各流程进行监控和规范，责任到人，严格把关，确保数据的唯一、准确和规范；另一支队伍是数据的日常维护和使用队伍，由各学院分管领导、辅导员、班主任等学生工作者组成，具体负责学生基本日常信息的维护和基础数据的使用。两支队伍缺一不可，密切配合，形成一个良好的数据维护和监控网络，确保大数据管理与使用规范。

从缺乏统一部署与顶层设计向完善数据标准与使用规范的转型克服了传统高校学生工作中数据管理方面缺乏完整性与系统性、信息孤岛大量存在、阻碍信息共享的不足，充分加强数据流通，增强数据价值。

（二）从轻视信息安全问题向重视学生数据安全的转型

高校学生工作者要增强数据意识，提升技术能力，充分利用大数据给工作带来的各项便利，充分享受大数据的价值，同时必须不断完善相应的规章制度，切实保障学生数据安全。在大数据时代，每个人在网络上的轨迹都变得非常透明，个人资料、通信信息、聊天记录、购物详情等都被完完整整地记录下来，并且很容易被查询。通过网络上的信息甚至可以很准确地推测或搜索一个人的线下生活。高校学生是使用网络的主力军之一，再加上校园一卡通的使用，校园中各种传感器的安置，使学生的大量个人数据和活动信息可以被轻而易举地采集，校园安全、个人隐私等都面临着前所未有的安全挑战。如果这些数据信息不能被妥善地存储和处理，一旦遭到泄露，就意味着这些数据可以被其他组织和个人随意挖掘分析，轻则学生成为某种产品的推销对象，不断地接收垃圾信息，重则成为手机网络等媒体诈骗的受害者，后果不堪设想。这不仅要求明确数据的使用边界，也对数据存储的物理安全性以及数据的多副本与容灾机制提出了更高的要求。[①]

所以，首先要建立的就是数据信息的管理和使用等安全制度。面对海量的数据，高校要成立专门的部门统筹数据的采集、存储、挖掘、分析和使用等。此部门中既要有计算机领域的专业人才，也要有在学生工作领域有所建树的专家。要以该部门为主建立健全有关数据信息的一系列规章制度。根据各部门的职能，给各组织和个人分配一定的权限用于对数据的挖掘和分析，而不能跨越权限对其他数据和信息进行查看和使用；数据挖掘和分析的结果要通过安全合理的通道在各组织和个人之间进行分享；根据数据分析结果的不同在适当范围内公布，不能影响学生的正常学习生活，每个数据库要配备专人进行管理和维护，建立强大的安全防御体系，及时发现和识别安全漏洞，防止数据泄露或被其他机构非法所得；定期做好数据备份，完善容灾机制，避免由于存储设备的物理损坏而导致的数据

---

① 陶雪娇，胡晓峰，刘洋. 大数据研究综述［J］. 系统仿真学报，2013（8）.

丢失等。

从轻视信息安全问题向重视学生数据安全的转型符合大数据时代的发展要求，在利用数据提升高校学生工作科学性的同时最大限度地降低由数据带来的安全隐患，还校园一片净土。

（三）从学生隐私保护制度空白向新建学生隐私保护模式的转型

在大数据时代，似乎我们的一切言行举止都可以被数据化，对行为的预测和对规律的揭示也已经从宏观层面延伸到微观层面，在这个一切都近乎透明的时代，对个人信息隐私的保护更应该得到重视，但目前在高校学生管理工作中，与学生隐私保护相关的规章制度还基本是空白。

长期以来，个人信息如何处理以及由谁来处理都由人们自己决定，对自己信息使用权的控制紧握在自己手中，这是隐私规范的核心，也在最大程度上保护了个人隐私。但在大数据时代，数据的价值主要体现在深度挖掘和二次使用上，简单的数据收集并不会过多地涉及个人隐私，所以传统的隐私规范似乎不太起作用了。

在这个新环境下，急需新建一个与大数据背景相契合的隐私保护模式，这个模式关注的重点不应是在数据收集之初征得个人同意，而应让数据使用者为其行为承担责任。所以在高校中，学生工作者可以利用先进的技术手段收集学生日常学习生活中的各种信息，但要在严格的规范和框架范围内进行数据的二次利用。

将个人隐私保护的责任从学生转移到学生工作者既有意义，也有很充分的理由，因为学生工作者比任何人都明白他们要用数据来做什么，会不会对学生个体造成侵犯，他们也是这些数据价值的最大受益者，理所应当为自己的行为负责任。学校和学生工作者应当秉持保护学生隐私、维护学生利益的原则，不对个人信息进行过度的挖掘和分析，"不因任何的诱惑而作伪或滥用科技手段；认真地思考每一项科技活动的价值意涵与可能的社会后果；审慎地进行可能具有不明确的深远影响的科技活动"。[1]

此外，为了平衡数据的二次利用所带来的价值与过度挖掘所带来的风险，高

---

[1] 刘大椿．在真与善之间：科技时代的伦理问题与道德抉择[M]．北京：中国社会科学出版社，2000．

校要根据各部门的实际工作需要以及数据的内在风险等因素，制定相应的规章制度，决定不同类型的学生数据可以保留和必须删除的时间。这一制度限制了学生信息被存储和使用的时间，消除了数据可能被永久记忆的顾虑和恐慌，在一定程度上保护了学生隐私。给数据规定了消除时间也激励学生工作者在有限的时间内对数据进行分析使用，提高其工作效率。

除了通过转变管理方式来进行隐私保护，推出新技术也是一个很好的途径。一个创新举措就是故意将数据模糊化，使对数据的查询只能显示概况而不能得到精确结果，这就保证了特定学生的信息不被泄露。信息的模糊处理在利用大数据进行决策方面是个很好的方法，并没有损坏数据的价值。高校领导在制定决策时，只需利用大数据所挖掘出来的规律和未来发展趋势，而不必清楚地了解每个学生的个人信息，信息的模糊处理既满足了制定政策的需要，也保护了学生的隐私。

个人隐私被泄露和个人信息数据被不当使用的途径有很多，但我们不能因为这种可能而停止对数据的收集和使用，高校应当尽快出台相应的规章制度，开发并推行新的技术手段，学生工作者应不断提升自己的道德水平和责任担当意识，合理使用数据，最大程度发挥大数据这把"双刃剑"的正面作用。

第三节　大数据背景下高校学生工作转型的保障

高校学生工作的开展离不开工作队伍的引领和工作环境的孕育。高校学生工作的成功转型同样离不开队伍与环境的支持与保障。在高校学生工作模式、工作方法与数据管理转型的同时，学生工作队伍和工作环境只有紧跟时代发展的步伐，不断进行创新、优化，才能真正助高校学生工作一臂之力，让其借助大数据的东风获得长远发展。

一、大数据背景下创新学生工作队伍建设

工作队伍是工作方式的载体。高校学生工作队伍是高校中思想政治教育、发展指导和事务管理的骨干力量，是推动高校学生工作创新发展、促进学生成长成

才的有力手段。在大数据背景下，培养和造就一支符合时代发展要求，具有较强数据意识和数据素养的高水平学生工作队伍，积极发挥其引领和模范示范作用，有利于更好地实现更高层次的教育目标。高校学生工作者要坚决克服故步自封、原地踏步、小成即满的思想，树立不进则退的忧患意识，推动高校学生工作尽快地融入适应转型升级。

（一）创新学生工作队伍选拔、培养、评价机制

随着大数据时代的到来，我们将比任何时候都更加需要具备计算机或数据技术能力的复合型人才，学生工作队伍中也是如此，这就为学生工作队伍的选拔提出了更高的要求。除了满足基本的选拔标准，学生工作队伍的构成还应该更加多元化，要吸引更多具有计算机等相关专业背景的人才充实到学生工作队伍中，更加提倡学生工作者要具备宽口径的知识储备，掌握基本的数据处理方法和能力，将个人的专业背景与大数据背景下的思想政治教育理念相融合。

但就目前我国高校学生工作队伍的人才结构来看，要想在短时间内形成一支既精通思想政治教育规律，又具有大数据等相关学科知识背景的教师队伍非常困难。在这场由大数据带来的教育变革中，最严重的问题不是教育资源的缺乏，而是教师队伍没有意识到教育界将"重新洗牌"已成为必然，还在沿着旧路线前进。因此，要想让大数据技术在高校学生工作中发挥作用，就必须不断完善培训机制，加大培训力度，提高培训水平。除了进行传统的时事政治、价值观念、理论素养等培训，针对当前高等教育面临的新形势、新环境，遇到的新技术、新手段，接触的新思想、新理念，进行大数据、统计学、数据挖掘、网络技术等专题培训，针对工作中遇到的实际问题进行工作研讨和经验交流，让学生工作者在思想上认识、认可并认同大数据的基础上，不断提升数据处理等运用大数据技术的能力。

在对学生工作者进行评价时，也要在新形势下丰富评价维度，完善评价机制。因为评价具有很强的导向性，在大数据背景下科学合理地设置评价内容可以正确引导学生工作者的工作方向。在原有评价内容的基础上，增添数据素养维度，着重考查学生工作者运用大数据的思想、理念和技术手段解决工作中实际问题的能力以及所取得的效果；在对二级学院以及相关职能部门和业务系统进行评价时，也要考察其对数据素养的重视程度和推动大数据与学生工作相融合的工作力度。

对于在数据运用方面的优秀组织和个人,学校在评奖评优方面要适当倾斜或给予单项奖励。高校也可以制定相关政策对学生工作者和相关部门进行激励,使其变被动接受为主动探索,不断开拓创新,提升运用新技术、新手段进行工作的能力和素养。

(二)强化学生工作队伍数据意识和数据素养

在大数据时代,无论任何个人和组织,只要能科学使用大数据,让其为生产生活服务,都可以大幅度地提高效率并增强竞争力,高校学生工作也是如此。通过对学生各方面数据的收集、存储、挖掘、分析,并用分析结果科学指导下一步工作,是一件具有划时代意义的大事。而要真正实现这个目标,以一种积极的姿态充分利用大数据带来的机遇,最关键的还是学生工作者。学生工作者要在思想和知识技能上都做好充分准备,对待大数据要做到"要用""能用"和"会用",不断提高数据意识和数据素养。

数据意识和数据素养是同一个事物的两个方面。数据意识指的是思想层面,是一种可以认识到数据能产生重大价值的主动性和能动性。目前我国匮乏的不是数据来源,缺乏的也不是采集技术和手段,缺失的是一种大数据意识,一种充分收集数据、存储管理数据、挖掘利用数据的超前思想。

对高校学生工作者来说,要想搭上大数据的快车,充分利用大数据带来的优势,必须要提升数据意识。学生工作者需要清晰地认识到大数据给学习、生活、工作等方面带来的价值,认同大数据在学生工作领域的应用能提高教育的科学性和培养质量,同时意识到若对数据的管理和使用不善也会带来意想不到的危害和灾难,在此基础上对学生数据进行全面合理的收集。

数据素养是一种能力,一种对数据的敏感性。数据素养是信息素养的重要组成部分,但又不同于信息素养。因为在计算机和互联网飞速发展和普及的现代社会,人们已经基本掌握了利用其进行信息处理的能力,但在大数据时代,数据作为信息内容的基本单元越来越受到重视,各行各业都感受到了数据的重大作用和巨大影响力,无论是传统行业还是新兴行业都面临着数据驱动创新的严峻挑战。在大家都能熟练使用网络和驾驭移动智能终端的情况下,谁会用数据、用好数据,谁就掌握了信息素养竞争的主动权和先机。数据素养要求学生工作者具备一些基本的素质，如对数据保持足够的敏感性；能够理解教育系统所产生数据的意义；能够与数据专家沟通交流、传达需求，从而挖掘出数据的价值；认识到数据的局限性，合理使用数据等。

可能有人认为，数据意识和数据素养与各种计算机技术和软硬件相比没有什么技术含量，但随着时间的推进和技术的更加成熟，大数据一定会向友好、人机交互、可视化的方向发展，技术不再是阻碍大数据在教育领域应用的障碍，而大数据价值的实现很大程度上取决于一些非技术因素。《纽约时报》早在大数据浪潮兴起之前就明确指出"直觉与大数据同样重要""数据算法要靠人类掌舵"。在教育领域，学生工作者是数据的收集、分析和使用的直接参与者，比任何其他人员都更加了解教育系统的运行和教育管理中存在的问题，一旦具备足够的数据意识和优质的数据素养，他们就能够慧眼识真，根据实际工作需要与数据领域和信息挖掘领域的专家对话合作，让大数据的先进技术真正在教育领域得以运用，将分析结果转化为英明的教育决策和对教育形式与环节的不断改进。例如，通过对近几年高校学生参加社会实践活动的主题、形式、成果等的汇总分析，可以了解到学生走出校门、投身社会的大体情况，总结出其关注点和兴趣爱好的变化规律，从而站在学生的视角为其提供喜闻乐见的实践形式，拓展深受学生喜爱的实践基地，不断扩大高校学生的参与度和受益面；为了清晰地了解学生在学习、科研、生活、娱乐等不同方面的需求，可以记录、汇总、分析学校图书馆的书籍检索和借阅信息，通过对不同类别书籍借阅量的分析，甚至能得出一个学生的性格、视野、业余爱好等更深层次的信息，针对不同类型学生的不同喜好和不同需求，为其推荐符合其兴趣的书籍，通过提高教育的针对性来增强教育效果。如果学生工作者对数据没有足够的敏感度，意识不到这些数据可能会与学生的哪些行为或思想活动产生关联，这些数据只会是纸上冰冷的文字，不会产生任何价值，由此可见数据意识和数据素养的重要性。

但数据意识和数据素养不是可以落实到纸上、有标准答案的知识点，它是一种能力，需要学生工作者通过工作实践、学习交流和培训等途径不断感悟和提升。

（三）转变学生工作队伍思维方式

传统的学生工作往往是经验式的，学生工作者凭借个人经验、直觉和感悟进行教育教学活动，往往看重的是定性分析，而忽略了对量的考量。学生工作者认为重要的教育影响因素在实际工作中未必真的那么重要，真正对学生起作用的影响因素在学生工作者眼中可能又没有引起足够的重视。有些经验随着时代的发展和教育对象的改变已经不再适用，常识有时会对人们的判断造成困扰。

在大数据时代，要想在海量的数据中挖掘出有价值的信息，仅仅依靠定性分析已不再适用，而要关注那些可量化的维度，重视定量分析。大数据时代学生工作者要摆脱单凭个人经验和直觉进行决策的方式，通过收集多维度、立体式的海量数据进行挖掘和分析，将数据展现出来的客观、科学的一面与学生工作者对工作的深刻思考和理解相融合。思维方式也要突破基于经验假设的论证、调查和访谈，思维路径从自上而下的演绎转变为自下而上的归纳，以客观真实的素材和数据为支撑，将学生在思想、情感、意志、行为等方面的需求和表现量化，使学生工作中许多潜藏的规律浮出水面，探寻真正起作用的教育影响因素，找到解决问题的关键，从而对学生工作进行科学的指导。

二、大数据背景下优化学生工作环境

高校学生工作环境既包括传统的课堂和教室，也包括不断拓展的线上和网络空间。课堂和教室有明确封闭的界限，网络则不受任何空间和地域的限制。大数据时代，高校学生工作环境更多地向线上迁移，也在技术的推动下不断得到完善与优化。

（一）迁移学生工作阵地

传统的思想政治教育方式主要是通过课堂讲授来完成，以教师讲、学生听的单向传输形式为主，不但枯燥无味，学生对传授的内容也只能被动接受，不能自主选择，在这个以人为本的时代没有真正确立学生的主体地位，学生不但容易缺乏接受教育的积极性和主动性，还很容易产生抵触情绪和逆反心理，严重影响教育效果。即便是学生工作者与学生进行一对一的谈话引导，由于身份的不同，也很容易在两者之间产生隔阂和屏障，无法进行心灵的沟通。在学生发展指导方面，形势更不乐观。比如与每个学生都息息相关的就业指导工作，大多还停留在就业形势分析和就业技巧讲座、就业指导报告会、就业经验交流会、就业单位宣讲会等层面,没有实现人职匹配,出现了"两难"的现象,即"招聘难",虽然用人单位有大量的岗位空缺,却苦于招聘不到合适的人才;"应聘难",虽然学生各方面都比较优秀,但苦于找不到理想的工作,导致了大量的人才浪费。

大数据技术的出现扭转了目前的局面,网络课堂、人机交互、在线交流越来越多,教育不再仅仅局限于学校,课堂教学也出现了新的替代模式,具有绝对优势地位的传统教育受到了严峻挑战。"慕课""翻转课堂"等在线教育模式之所以能发展得如此强大,除了互动性和自主性,更在于它符合人们的"自组织学习"的特性,还能通过对学生学习过程中留存的大量行为数据的收集分析,对学生进行行为评价和下一步的学习诱导。印度教育科学家苏伽特说:"对于教育者来说,这是一个大转变的时代。我目睹着教育界的各种力量在重新洗牌。或许我们说'教育革命'未免言过其实,但是各种变化的确在更迭着。教学模式的多元并存会是一个长期存在的现象。但是毫无疑问,新技术从外围给教师增加了新的竞争对手。新技术的应用又导致学生在心理预期、学习习惯等方面的变化,这就从核心和内部促进着教学过程的转变。学生变了,不如以前'好带'。这并不是坏事,在这当中,不知潜藏了多少机遇和可能性等待着有心之人去发现!"①萨尔曼可汗是一位孟加拉裔美国人,他抓住了这一历史机遇,创立了一家以自己名字命名的"可汗学院",这是一家非营利机构,立足于教育领域,在网上具有广泛的影响力。可汗学院通过在线图书馆收藏了 3 500 多部可汗学院教师的教学视频,内容涉及数学、历史、金融、物理、化学、生物、天文学等科目,旨在利用网络向人们免费提供高品质的教育。可汗还开发了一套系统用来记录学生做习题的情况,并自动生成曲线图显示学生的掌握状况,教师可以利用此曲线对学生进行个性化的指导。可汗被比尔·盖茨誉为一个时代的先锋,他借助技术手段引领了一场革命。除了一些专业课程可以在在线教育平台上完成,思想政治教育、心理健康教育、职业生涯规划教育等内容也可以主动占领网络教育新阵地。利用大数据技术建立一所思政教育的网络课堂,使学生在接受教育时不必再受时间、地点和形式的限制,让学生主动选择自己感兴趣的内容,增强主体意识。学生工作者也要将工作

---

① 张建华. 大数据背景下的"传道授业解惑"[J]. 群言,2015(5).

精力和重心更多地向线上转移,不断丰富网络课堂内容,掌握高校学生话语体系,与学生在网络上平等地对话交流,进行思想引领和发展指导;受教育者也可以对学习内容进行完善和修改,促进教育资源的共享。网络课堂在开展教育的同时,也记录下了不同学生对不同时事热点、专题内容的关注和不同个体的思想动态、学习效果,通过数据分析不断改进教育内容和形式,从而实现良性循环。

与此同时,利用大数据技术建立发展指导的专业性网站。以就业指导为例,在网络上为学生提供职业测评、个性分析、求职意向选择等服务,结合学生在校期间的其他数据,形成每个毕业生的就业信息。将大量分散、复杂的就业需求信息与学生的信息进行分析匹配,帮助每个毕业生找到更加适合自己的工作。专业性网站的建立整合了校内外的各种资源,充分利用了网络优势,也加速了学生工作阵地从教室到网络的迁移。

(二)推动数字化校园建设

2012 年,教育部编制印发了《教育信息化十年发展规划(2011—2020 年)》,指出要把以教育信息化带动教育现代化作为一个战略选择,大力推进信息技术与教育教学深度融合,实现教育思想、理念、方法和手段全方位创新。数字校园承载了教育信息化的发展,并推进其向教育现代化不断迈进。当今时代,物联网、云计算等新兴技术的出现以及在数字校园建设中的兴起,拓宽了教育数据的渠道和来源,数据采集方式也日趋多样化,使结构化和半结构化数据的收集、存储和分析使用成为可能,大数据成为数字校园的新选择。

但在新形势下,数字校园在发展和建设中依然有许多问题不容忽视。对数据已成为一种资源的认识不到位、不深刻,没有意识到其在教育管理、人才培养等方面发挥了越来越重要的作用;虽然数字校园收集教育数据已不再是一个难题,但将数据充分转化从而释放出无穷价值成为新的发展瓶颈;校园数字化建设相对封闭,缺乏开放包容的理念,没有形成自己的特色。基于以上不足,在大数据背景下校园信息化建设的目标定位也要不断与时俱进,不再仅仅是为师生和教学提供一个先进的网络环境,而要不断进行内涵式发展,将其定位为"智慧校园",包括"环境全面感知、网络无缝互通、海量数据支撑、开放学习环境、师生个性服务"。①

因此，在大数据背景下，我们要加强顶层设计，做好制度层面建设，制定大数据标准体系和配套的相关文件措施，以此提升数字化校园建设质量；无缝覆盖的大数据传输基础网络应该具备将所有设备连到一起，能进行任何类型及大小数据传输的功能，未来的数字校园基础网络应该是实现了光纤到户的有线网络和无缝覆盖的无线网络的结合体；使用开源软件建设云服务平台，根据师生不同需求给师生提供个性化服务，同时实现不间断的数据采集；大数据采集系统，包括校园一卡通、视频监控、机房等硬件设施和云服务平台软件、根据不同需求开发的各种应用平台等软件设施。

大数据的发展给数字校园建设带来了前所未有的机遇和挑战，转变了数字校园建设的思维和理念。高校和学生工作者要高度重视数据在教育领域的作用，尽可能将校园内的一切事物数据化。数字校园在满足教育信息化需求的基础上，更要满足大数据对于数据的需求，加大数据采集、存储、分析能力建设。当然，数字化校园建设不是一个部门可以单枪匹马完成的工作，而是一个需要多部门共同参与协作的系统性工程。数字化校园建设应该借助大数据的东风，立足实际需求，不断采用新技术，不断开发资源，不断改进创新，促进信息技术在教育领域的应用。

---

① 于长虹，王运武. 大数据背景下数字校园建设目标、内容与策略 [J]. 中国电化教育，2013（10）.

第六章

新时期学生工作的创新发展

第一节 我国高校学生工作创新发展的时代要求

一、全球化背景下的人才诉求对高校学生工作提出新要求

（一）全球化对人才的需求

全球化背景下，人才处于世界各国综合国力竞争的中心位置。简单来说，即人才是决定一国综合国力的关键因素。当今世界，一个国家国际竞争力在很大程度上取决于该国人才储备数量及质量。因此，结合全球化背景明确培养目标，对于人才的全面发展具有至关重要的作用。全球化对人才培养目标提出了更高、更新的要求。

（1）要有国际思维、国际视野以及全球战略敏锐度，同时要有强烈的国家认同感与民族归属感，既不盲目自信、骄傲自大，也不妄自菲薄、崇洋媚外，要能够在错综复杂的国际环境中坚持和平共处五项原则，坚定维护国家尊严与国家利益。

（2）要有对世界科技前沿及发展动向的敏锐追踪力与高效学习力，掌握符合国际标准的技术规范和工作规范，同时要有良好的跨文化沟通能力，在熟练掌握并运用一门或多门外语的同时，熟知并准确把握世界各国尤其是工作意向国的民族文化、社会风俗、价值观念以及思维方式等。

（3）要在复杂多变的国际环境中具有举一反三的应变力、触类旁通的学习力

以及敏锐的洞察力,要具有独立思考问题的能力,在对国际热点难点持续追踪跟进的基础上,对相关问题进行客观分析,努力做到去伪存真、去粗取精,学会透过现象看本质。

(4)要具备包容心态和较强的创新能力,要有兼容并蓄的精神,能不断接触、学习、吸收各种知识信息,善于学习倾听、拓展思路,能够做到终身学习,能够追踪本专业的世界前沿并不断吸收国际先进文化和知识,并加以运用。

(5)要有良好的组织协调能力,要具备团队合作精神,要具备较高的社交能力,能够处理好与他人的关系,要与他人协同合作,充分调动和发挥组织成员的积极性、主动性。具备这些能力的人才,才是符合全球化需求的人才,才能在未来的国际竞争中立于不败之地。

总之,从发展的观点看,全球化背景下的人才不仅要善于学习,还要善于思考,善于创新,善于交际,善于合作,努力掌握主动领跑世界发展的能力。在明确了全球化背景下人才培养目标的基础上,还要注重建立健全全球化背景下人才的评价机制和体系,只有做好这一点,才能使更多的人才更快、更好地达到培养目标。

(二)应对全球化高校学生工作的创新发展

全球化日益使地球成为"地球村",地球村里的各个成员都要调整自己的角色与定位。对于高校而言,全球化的影响主要是高校工作的思想、理念更加多样,高校之间的交往范围更为广泛,高校学生工作的主体更为多元,高校学生工作的目标更为科学、全面。从学生工作来看,要从理念、范围、主体、目标四个方面来对学生工作进行创新,以应对全球化的冲击和挑战。

针对全球化的发展趋势,应该树立新的高校学生工作理念。传统时代的学生工作理念,虽然有所发展与创新,但是由于范围和地域有限,所产生的工作理念的类型与方式有一定的局限,在全球化时代,学生工作理念的范围与地域大大扩展,应该树立新的适合全球化趋势的高校学生工作理念。具体而言,应该树立以学生为本的工作哲学观。以人为本是对个体的尊重,应该把握全球化对人才的特殊需求,从这点出发,针对这些能力设置相应的学生工作。应该树立突出主体、开发潜能、激发创造的工作方法观。学生工作的主体是学生,学生具有人的主观能动性,能够对自身与客体进行创新。在学生工作的过程中,应该突出学生的主体地位,激发其潜能,让学生在工作中勇于承担各项职责与任务。应该树立体现互动性、层次性、整合性的工作体制观。学生工作体制不应是单一的、单向的、分散的体制,而应该整合各项机能,还要体现学生工作的互动性、层次性和整合性。

针对全球化的发展趋势,应该加强与国内外高校的交流。传统时代,受到当时国际条件和国内政策的制约,我国高校的对外交流主要局限在社会主义国家,随着改革开放政策的推行和国际各种环境的变化,我国和世界各国与地区之间的经济、社会、文化交流日益密切,高校的学生工作也日渐受到国内外高校的影响。如何合理借鉴国内外先进的学生工作管理经验,吸取其教训,是当前学生工作的重要内容。国外大学已经有了几百年的历史,他们的学生工作有很多经验值得我们学习。如他们对学生思想道德的培养模式,对就业指导的模式,对学生心理素质的培养,都值得我们学习。但是国外的学生工作,同样问题重重,如美国很多高校之间,充斥着暴力、毒品、性交易等不良活动,如何避免我国的高校学生产生这样的问题,是新时期高校学生工作的职责所在。除了国外,港澳台地区较早地学习西方经验,同时这些地区的高校又针对亚洲人特别是华人的特点对高校学生工作进行了具体化,走出了自己的发展道路,尤其值得我们加以借鉴。在借鉴他国与地区经验与教训的基础上,要积极在高校间开展合作,争取海外高校与社会的援助,提供给学生良好的资助体系。

针对全球化的发展趋势,应该对学生群体采用不同的学生工作方法与内容。全球化的结果首先导致主体的多元化。一个学校不再只有一个国家的高校学生,可能会有许多来自各国的留学生,要注意不同国家的高校学生之间的差异,做到因人而异。即便是同一个国家的学生,个人之见受到全球性观念的各种冲击,每个人的世界观、价值观体系也有所不同,如何用社会主义核心价值观合理地疏导与教育学生,是摆在当代学生工作者面前的重要问题。

针对全球化的发展趋势,应该树立新型的高校学生工作目标。传统的高校学生工作目标,主要是培养全面发展的人,培养对国家有用的人才,在传统时期,这种目标是合乎实际的,但是在全球化时期,就显得较为狭窄。在全球化时期,学生工作理念的内涵与范围应该不断扩展。从学生工作的目标看,除了促进学生全面发展的核心目的,还需要将学生工作所服务的学生培养成为适应全球化趋势的人才,使学生成为从全球视野出发、具有开阔视野的高素质人才,不单单只是局限在某个地域与国家。

二、信息化时代的人才诉求对高校学生工作提出新要求

(一)信息化对人才的需求

(1)应具有广博的知识基础与完善的知识结构。在信息化时代,开拓型、综合型信息化人才必须具备广博的知识基础与完善的知识结构,广博的知识基础包括基础学科知识、经济信息知识和社会宏观信息知识。这里的基础学科知识包括自然科学和人文社会科学;经济信息知识包括国民生产总值、国民收入、物价水平、市场供求情况和结构、消费需求水平和结构等;而社会宏观信息知识主要包括国家的战略规划与大政方针、战略决策、法律、法令、财经制度等。

(2)熟练掌握最新的信息技术手段。在信息化时代,信息技术的发展日新月异,信息的传递已经实现了文献文字、动态图像和音频视频的同时传输。信息化时代信息传递的综合一体性,要求信息化人才及时学习、掌握最新的信息技术手段,积极参与新的信息技术的研发工作,开展现代化信息服务。具体而言,现代信息化人才必须熟练掌握计算机应用技术、网络通信技术、数据库技术、系统分析和设计等信息技能。

(3)具有较高的信息识别、搜集、分析、处理和再加工能力。信息化时代信息泛滥,信息质量参差不齐、真假难辨。因此,现代信息化人才要能从互联网铺天盖地的各种信息中发掘出有价值的信息。这就要求信息化人才具有科学的思维方式以及信息处理能力,正确地分析、判断信息的质量及其实际应用价值,对大量无序的信息进行精心筛选、分析与深加工。

(4)应具有较高的外语水平。随着全球化时代互联网技术的迅猛发展与普及,世界范围内信息资源的共享程度不断提高,不少有价值的信息资源来自世界各

地。在此情况下，现代信息化人才只有具备较高的外语水平，才能采集、分析、吸收国际性信息，并在此基础上进行信息挖掘和利用。因此，现代信息化人才必须精通一两门外语，且必须具有多种对译能力，这样才能在信息化时代胜任工作，在面对众多国际性信息时降低遇到障碍的可能性。

（5）应具有扎实的相关专业知识。对现代信息化人才而言，处理文献型信息并不是其工作重点，其工作重点应是处理各种事实型信息。如果相关人员对事实型信息的专业背景知之甚少，那就很难从中发掘出有价值的信息资源。因此，现代信息化人才必须具备扎实的专业知识基础或具有相应的学科背景。只有掌握该专业的基本常识与最近进展，才能从众多的信息中发掘出有较高利用价值的专业信息。总之，现代信息化人才承担着组织信息化建设的重任。只有具备上述素质和能力，现代信息化人才才能发挥应有作用，帮助相关企业提升信息化水平。

（二）应对信息化高校学生工作的创新发展

信息化在给高校工作带来便利的同时，也给高校的各项工作带来了严峻的挑战，这些挑战对于学生工作而言，需要进一步创新学生工作的方方面面，具体而言，应该从学生工作的环境、主体、客体、内容等方面加以创新。

（1）提高学生工作硬件设施的信息化水平。在传统时代，学生工作的办公条件较差，很多学生工作部门没有配备计算机等设备，在信息化时代，需要各个高校对学生工作者和被工作者的设备进行信息化处理，有些高校没有配备计算机，需要尽快配备，对于没有建立专门学生工作网站的学校，要建立学生工作的相关网站与论坛，并注重日常的维护与更新，上传最新的学生工作信息与资讯，加强对学生工作的宣传。

（2）提高学生工作管理人员应用信息设施的能力。传统时代的学生工作者，在工作过程中大部分是手动操作，不需要用到新兴媒体，但是信息化时代的学生工作者，需要对手机、计算机、平板、投影仪等设备进行了解，需要对流行的信息交互工具（如QQ、博客、微博、网站、微信等）加以了解，并能够熟练地掌握与运用，以便对学生的各种状态进行实时把握。同时，对学生工作的相关指示、内容，要能够借助信息设施传播到学生中去，实现学生工作的电子化传播，这样既能提高学生工作的办事效率,又能减少浪费。能够运用计算机等多媒体分析学生的心理健康问题,掌握学生心理健康调查的各类模型以及计算机检测方法,熟练应用办公软件,对学生心理健康调查情况进行分析。

(3)学生工作内容的信息化,加强对学生的网络监督力度。对学生工作的具体内容,能够以 Word、PDF 等格式上传到网络中,供学生参观学习。在为学生讲解的过程中,能够运用多媒体,对学生工作的内容进行直观展示。网络的发展,使网络恋爱、网络沉迷、网络腐蚀、网络诈骗等问题在高校学生中时有发生。对于网络恋爱,应该加强对学生的教育,指出网络恋爱的优点与缺点,使学生对网络恋爱持有一种正确的态度。如果在网络当中遭到了失恋的挫折,要分析形成这种挫折的原因,提出解决之策。针对网络沉迷,应该了解学生沉迷网络的影响因素,如游戏等,通过和家长的沟通,帮助学生从网络沉迷中脱离出来。对于网络腐蚀,尤其是西方资产阶级自由化、社会各种消极观念、犯罪观念与行为的腐蚀,要密切关注,防止学生受到这些观念的腐蚀,对于已经受到影响的学生,要进行教育,帮助其树立科学的、正确的人生观、价值观。对于网络诈骗,要懂得识别网络诈骗的手段,同时知道网络诈骗的非法性,以免高校学生自身成为网络诈骗分子,误入歧途。

(4)学生工作目标的创新,培养学生的信息化能力。传统时代,学生工作的主要目标是促进学生的全面发展,但是全面发展的内涵,在不同的时期各有不同,在信息化时代,学生的全面发展必须包括对学生信息技术能力的培养,提高学生应用信息技术、处理信息的能力。在日常的学生工作过程中,应该指导学生能够熟练地掌握信息技术设施,同时自觉抵制不良信息,营造良好的网络环境。

三、新时代中国特色社会主义思想对高校学生工作提出新要求

(一)新时代中国特色社会主义事业对人才的特殊要求

新时代中国特色社会主义事业,以全面建成小康社会与全面建设社会主义现代化强国为战略布局,以逐步实现全体人民共同富裕为奋斗目标,以实现中华民族伟大复兴中国梦为历史使命。习近平总书记在十九大报告中明确

指出:"人才是实现民族振兴、赢得国际竞争主动的战略资源"[①]"要以培养担当民族复兴大任的时代新人为着眼点,强化教育引导、实践养成、制度保障,发挥社会主义核心价值观对国民教育、精神文明创建、精神文化产品创作生产传播的引领作用,把社会主义核心价值观融入社会发展各方面,转化为人们的情感认同和行为习惯。"[②]新时代中国特色社会主义事业对人才的特殊要求表现在:

(1)新时代中国特色社会主义事业需要具有正确政治方向的人才。"方向"问题涉及"为谁培养人"和"培养什么人"的根本问题,当前开展青年人才工作需把握好青年人才教育培养的方向问题。习近平总书记向来重视对青年人才的理想信念教育,强调"精神之钙"对人才的重要性。青年人才只有坚定中国特色社会主义的崇高理想,树立正确的世界观、人生观和价值观,将个人理想融入国家建设与民族复兴的伟大事业之中,才能成为新时代中国社会主义事业的合格建设者和可靠接班人,才能肩负起新时代所赋予的重大历史使命。

(2)新时代中国特色社会主义事业对人才培养强调"以德为先"。人无德不立,有才无德难成大器,德才兼备的人才是有用之才。习近平认为,培养人才首先要注重思想道德素质培育与提升,他指出:"要加强社会主义核心价值体系建设,积极培育和践行社会主义核心价值观,全面提高公民道德素质,培养知耻辱、讲正气、作奉献、促和谐的良好风尚。"[③]新时代中国特色社会主义事业具有伟大而艰巨的历史任务,在此情况下,青年高校学生没有高尚的品德,没有坚定的理想信念,是无法成为社会主义现代化事业的建设者和接班人、为中华民族伟大复兴做出应有贡献的。

(3)新时代的新变化、新特征对青年人才的适应力、创新力提出了更高要求。在当今世界,创新驱动发展,是各国提高国际竞争力和综合国力的必然选择,也是人才强国建设的动力源泉。随着中国经济运行进入新常态,"大众创

[①②] 习近平. 决胜全面建成小康社会夺取新时代中国特色社会主义伟大胜利:在中国共产党第十九次全国代表大会上的报告 [M]. 北京:人民出版社,2017.

[③] 习近平. 习近平谈治国理政 [M]. 北京:外文出版社,2014.

业、万众创新"的双创局面、服务业在经济结构优化升级中重要性凸显、经济发展方式由粗放型转向创新动力型、"互联网＋"成为驱动经济发展新引擎等种种新情况，无一不要求具有时代应变力的创新型人才，需要高素质青年技能型服务人才支撑服务业，需要青年科技创新人才提供创新活力。总之，创新成为驱动发展的新引擎，创新的根基在人才，这需要一大批思想活跃、创造力强的青年人才。

（二）适应新时代高校学生工作的创新发展

"中国特色社会主义进入了新时代"是党的十九大提出的最新论断，新时代意味着新变化、新要求、新导向，因而亟待在"新时代"这一语境下，就完善、创新高校学生工作的重点难点问题及其解决对策提出新思考。从以上新时代的主要特征以及新时代中国特色社会主义事业对人才的基本要求看，高校学生工作应从以下几方面开展创新。

（1）坚持"以人民为中心"的根本价值取向，以主体性教育为基础，促进学生全面发展。社会主义现代化建设的核心和关键是人的现代化，而主体性是人的现代化的根本点。确立主体性教育思想，是社会发展的需要和教育现代化的要求。主体性教育以学生为中心，以活动为中心，以实践为中心，旨在培育学生主体意识、提升学生主观能动性、健全学生主体人格，促使高校学生进行自我教育、自我管理与自我完善，进而促进高校学生全面发展。教育是为了未来，需要把握教育现代化的发展方向，教育只有不断创新，人的全面发展才能实现。让学生主动进行学习、创造的教育，有利于帮助学生发现自我价值、挖掘自我潜能，有利于引导学生为实现自我理想不断奋斗，最后成为全面发展的"和谐之人"。

（2）坚持与时俱进的创新精神，以培养体系改革创新为目标，构建立体化人才培养体系。要完善高校学生工作网络体系，"要捕到不同的鱼，就需要多种不同的网，既要缩小网眼，也要改变网的结构。"[1]所以，我们要不断推进教育形式和内容的创新。新时代的目标由"求富"转向"图强"，以实现中华民族伟大复

---

[1] 刘华杰. 浑沌有多复杂？[J]. 系统辩证学学报，2001（4）：29.

兴为历史使命，这需要有一批具有时代精神、创新能力的青年高校学生作为人才依托。为此，新时代高校学生工作应按照"宽口径、厚基础、强能力、高素质、重创新"的要求，在新一轮人才培养方案中贯彻知识、素质、能力协调发展，兼顾基础平台与个性化培养平台，强化特色和适应社会发展并重，教学内容与课程体系整体优化，实践能力培养与研究性教学并举的五项原则，构建通识教育、学科基础、专业教育、学科拓展、实践能力培养五个课程平台，按人才培养的系统性、适应性、创新性和前瞻性要求，整体设计和系统优化课程资源，建立融会贯通、有机衔接的"平台+模块"课程体系。

（3）根据社会主要矛盾变化的新要求，高校学生工作需要着重解决服务与育人之间不平衡的问题。为此，首先应把高校学生工作重心从教育、管理转向教育、管理、服务并举，坚持以学生为中心，在开展学生工作过程中尊重学生、信任学生，努力使学生工作更好地服务学生成长成才需求，促进学生全面发展。其中，及时了解、把握学生多样化、多元化的需求十分重要。高校学生工作需要根据学生实际需要，不断丰富工作内容，不断创新工作形式，提高工作的针对性；同时要及时总结学生工作中的经验教训，在发现不足的基础上不断完善学生工作。其次，建立专业化的服务机构——学生事务"一站式"服务。"一站式"服务建立的前提是学生事务管理和服务的专业化，核心是整合各项职能于一身，从而实现服务的整体化和高效性。高校学生工作提供"一站式"服务，不能满足于不同机构的简单整合，而是要根据实际情况，尤其要贴近学生实际发展需求，同时结合本校实际情况，合理精简学生事务服务流程，建立专门化、科学化的学生事务服务体系。此外，高校还应积极利用网络平台整合资源，加强学生事务"一站式"服务的信息化网络平台建设。最后，加强主动教育，坚持服务育人。高校学生工作应进一步继承、巩固并发展"主动教育学生"的传统优势，强化对学生的前瞻性、预见性、全局性的"主动教育"[1]。此外，在学生工作中，要积极主动地通过各种渠道关心学生的利益需求，主动为需要帮助的学生提供更加周到的服务和支持。

---

[1] 冯刚，赵锋. 走进英国高校学生事务管理[M]. 北京：中国人民大学出版社，2008.

（4）建立开放互动的学生工作体系。"开放互动的学生工作体系包括两个子系统，即开放式的思想政治教育系统和开放互动的学生事务工作系统"[①]。高校学生工作系统应与思想政治教育紧密融合。具体而言，高校学生工作应成为思想政治教育的有效载体，而思想政治教育则能对高校学生工作进行价值引领。开展思想政治教育是我国高校学生工作的优势与特色所在。高校学生工作在强调学生事务管理与服务的同时，应继续加强思想政治教育，不断探索学生工作与思想政治教育相互融合、相互促进的有效途径。还应建立完善班主任制度，发挥班主任在联接学生事务与学术事务的桥梁、纽带作用。此外，高校还要在业务上加强不同职能部门的协同合作，积极推进协同育人、协同服务，实现全员育人、全方位育人、全过程育人。

（5）加强高校学生工作管理队伍的专业化建设。学生工作专业化是与高等教育跨越式发展、素质教育的深入实施以及全球化、信息化的浪潮结合在一起的。[②]高校学生工作的专业化建设离不开一支专业化的学生工作管理队伍。首先，要重视并加强对学生工作管理队伍的职业培训。要制定培训要求与规划，有计划地组织开展对学生工作管理队伍的专业能力提升训练，并将专业化培训贯穿于学生工作管理队伍职业生涯全过程。要根据不同阶段、不同岗位、不同对象，开展针对性的专题培训，提高学生工作管理队伍的专业理论水平和解决问题能力。同时，还应积极组织开展对外交流培训，组织学生工作管理队伍参加国家、省部级交流培训，围绕相关课题开展小团队交流活动等。此外，还应重视学生工作与学术事务的有机融合。总之，在第一课堂之外，学生工作者要在培养学生的综合素质中发挥重要作用，成为高校人才培养的重要支撑力量。因此，高校一方面要注重提高学生事务管理队伍的专业化、职业化、学术化水平；另一方面要注重学生事务和学术事务的密切联系与合作，帮助学生加强实践与专业理论的结合，拓展学生事务的实践广度和理论深度。

[①] 吴铭，林海霞. 中美高校一站式学生服务中心比较研究 [J]. 思想理论教育，2014（4）：96-100.
[②] 尹冬梅. 我国高校学生工作专业化的回顾与展望 [J]. 思想理论教育，2015（9）：98.

第二节 高校学生工作的职业化能力的形成与提升

一、基于知识的高校学生工作战略管理能力的提升

知识作为高校学生工作中的核心要素与基础性资源,将知识战略作为高校学生工作的重要战略之一,是高校学生工作战略的核心部分。高校学生工作重视智力资源,拥有一大批知识水平高、专业能力强、有创造力和自我实现热忱的高校学生工作者。高校学生工作的运转就围绕着知识创造、转化、更新和增值来进行,以知识创造为提升工作业绩的手段。因此,对于知识在学生工作中的战略定位要有清晰的认识;深入挖掘高校学生工作的核心知识,对学生工作战略具有重要意义;注重学生工作知识的创新;注重学生工作者向知识型员工的转化,学生工作组织架构趋于扁平化,与知识战略相匹配;要采取新的技术支持知识在学生工作系统中的流动与互通。

（一）基于知识的高校学生工作管理战略制定流程

基于知识的高校学生工作管理战略是以推动学生工作知识的创造、传播和应用为目的,采取有效的整合手段,使技术、组织结构、人力资源、组织文化更好地适应于高校学生工作的要求。从这种意义上来说,高校学生工作战略是高校学生工作实施知识管理的指导纲领,具体管理战略的制定流程如图6-1所示。

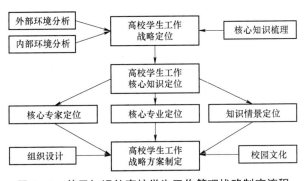

图6-1 基于知识的高校学生工作管理战略制定流程

对基于知识的高校学生工作管理战略的制定流程说明如下。

1. 高校学生工作外部环境分析

主要是从知识的维度分析整理高校学生工作的宏观环境、中观环境及微观环境三个方面。高校学生工作宏观环境包括社会政治、经济、文化发展的形势及对人才培养的要求。中观环境是指学校所在区域的人文环境、经济环境、自然环境等因素。中观环境不仅对学校的育人提出相应的要求，而且影响学校的战略定位。微观环境条件分析的目的是摸准学校基本情况，它直接作用于高校学生工作，并迅速反应，在整个战略制定中处于核心地位，先接受外层的影响，然后被吸收，再作用于高校学生工作。

2. 高校学生工作内部环境分析

通过准确掌握高校学生工作的现状，以确保高校具备或能够获取实现学生工作发展规划所需的资源。高校学生工作内部环境因素主要包括学生工作师资、高校领导团队、后勤人员及学生等人力资本因素，资金来源、经费投入、固定资产等财务资源因素，教学设施、仪器设备、图书馆、实训基地等硬件设备因素，学生培养模式、方法和手段等工作途径因素，文化底蕴、校风建设等文化因素及就业资源、就业渠道等就业因素。

3. 通过核心知识的梳理确定高校学生工作战略定位

根据高校学生工作管理的战略目标，结合内外部环境分析，对高校学生工作进行战略定位。根据分类定位、服务面向、功能效益和比较优势等原则，确定高校学生工作的培养目标、培养规格的层次、培养过程的要素，进行更适应社会发展需要及人才培养目标的战略定位。高校学生工作的定位不仅仅是由国家或学校领导笼统地提出学生工作的既定发展目标，还包括为实现这一目标所采取的具体措施以及学生工作者和学生对于学生工作的期望。

4. 高校学生工作核心知识定位

包括高校学生工作核心专家定位、高校学生工作核心专业知识定位以及高校学生工作知识情景定位。其中，高校学生工作核心专家定位是挖掘出经验丰富、能够解决学生工作中的疑难杂症的资深高校学生工作者，并以他们为核心，培养更多的高校学生工作者成为各个学生工作领域的专家。

高校学生工作核心专业知识定位是指根据高校学生工作的学生培养目标、学生培养模式等要素，对高校学生工作专业知识进行整合，是学生工作可持续发展的生长点，是高校学生工作综合能力的一种体现。

高校学生工作知识情景定位，是指通过辨析高校学生工作所处的内外部综合环境，结合学校具体特点，定位核心知识，建立完善的知识整合、沟通、创新及知识资本的战略框架体系，形成与高校学生工作高度契合的知识体系。

5. 基于知识的高校学生工作组织设计

这是指根据现实性、适应性、有机性、多样性及一体化原则，构建的体现高校学生工作专业性特色的组织结构。组织结构趋向于扁平化、柔性化、多元化、网络化。

6. 基于知识的高校校园文化

这是指高校学生工作在历史的发展过程中积淀下来的，对高校学生工作及高校师生发展的作用力，是学校在办学实践中所形成的独特的院校精神、历史传统、价值准则、行为规范、发展目标的总和。高校校园文化变革要以着力提高核心价值观、提升高校学生工作管理品质、加强高校学生工作历史文化资源的利用和开发为目标进行变革。

7. 基于知识的高校学生工作战略方案的制定

这是在结合高校学生工作内外部环境、核心知识、组织设计以及文化等各个方面因素，在高校学生工作知识整合、知识沟通、知识创新以及知识资本战略的综合条件下，选择和制定更契合高校学生工作目标的战略方案。

（二）高校学生工作知识管理战略融入整体战略管理体系

通过建立高校学生工作知识管理的战略愿景，使每位学生工作者都知道为达成学生工作的战略目标，必须完成哪些知识管理的战略举措，从而使每个人的行动都能够"与愿景一致"，进而支撑学生工作的战略目标实现。这需要高校学生工作从整体发展战略出发，找到战略和知识的连接，即根据高校学生工作现在的战略执行能力以及未来的战略发展目标，找出能力执行的差距，并从差距中找到知识管理对于高校学生工作整体战略发展的支持点。

同时，从高校学生工作知识管理策略的角度，找到高校学生工作能力提升对知识管理的需求,并将需求和高校学生工作整体战略发展相对应,具体如图6-2所示。

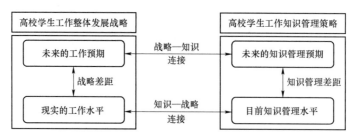

图6-2 高校学生工作知识管理战略分析的思路

1. 高校学生工作知识管理战略目标

高校学生工作发展不同阶段战略的差异,决定了高校学生工作在导入知识管理时关注的要点不同。高校学生工作知识管理的战略目标大致可归结为以下几个方面。

(1)实现高校学生工作的管理水平提升。学生工作中的知识管理要与现实工作中的具体学生工作业务流程结合起来,将一些好的学生工作经验与做法通过流程的方式标准化、规范化,同时结合工作流程明确哪些知识是重要的,要持续关注与积累,进而实现知识重用,提升学生工作效率与管理水平。

(2)支持高校学生工作经验的快速复制。学生工作中有很多成功的经验,面对不断变化的学生事务,要"快速复制成功经验",建立高校学生工作新进人员的高效培养体系。

(3)加强高校学生工作的信息共享。当高校日常的学生工作信息不断增多、迅速膨胀之时,通过建立上下协同、跨部门横向协同的学生工作信息共享平台,实现信息的透明化,这有助于消除部门壁垒,形成整体的协调性。

2. 基于高校学生工作不同特点的知识管理策略分析

高校学生工作内容层出不穷,涵盖学生活动、学生就业指导、学生心理辅导等学生教育管理工作,也包含学生工作者的培训、学生工作团队建设等,因为不同部门、不同业务领域的特性,又由于工作的复杂程度、更加适合个人还是适合团队操作,决定了其知识管理模式也有所不同,具体如图6-3所示。

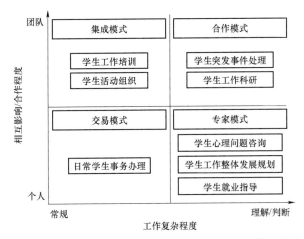

图 6-3　高校学生工作不同业务特点对应的知识管理模式

（三）从系统的视角提升高校学生工作战略管理能力

从系统的视角来设计高校学生工作战略管理有助于管理者厘清工作思路和创新工作方法，提高处理高校学生工作的能力，从而为高校的跨越式发展提供不竭的精神动力和强大的智力支持。

系统是指由相互联系、相互作用的各要素组成的具有某种特定功能的有机整体，系统的结构就是系统各要素的组织形式，不同的系统结构有不同的功能，系统在不同环境中所发挥的作用不同。在利用系统的视角设计高校学生工作战略管理时，不仅要考虑到系统要素之间的有机联系，还需充分注意到系统所处的环境，从实际情况出发，坚持实事求是的原则，最终做到系统、要素和环境的有机结合。

对高校学生工作战略管理而言，从系统的视角设计就是要处理好组织、环境和人之间的关系。组织是指由一定数量的人群为实现既定的目标，并通过一定的规章制度来约束组织成员行为的社会团体。

组织至少包括三个要素：一定数量的人群、既定的组织目标和一定的规章制度，而对于高校学生工作的主体来说自然而然就是一个组织。组织的工作战略管理需要依靠并发挥组织成员的力量，通过相关的激励手段来充分发挥成员为实现组织目标的积极性、主动性和创造性。只有当组织的力量得到相应的发挥之后，组织工作的战略管理才可以实施下去。

环境是相对于某一事物而言，会围绕在事物的周围并对事物产生一定的影响，环境对人的影响是潜移默化和深远持久的。对于高校学生工作战略管理来说，从系统的视角设计必须以所处的环境为基础，依据高校学生工作的实际，寻求解决问题的方法和手段，为高校学生工作战略管理提供现实的需求。

人，是组织中最积极活跃的因素，同时也是最难以控制的因素。由于人主观能动性的存在，如何发挥人的主观能动性对学生工作战略管理的实施有着十分重要的意义。从系统的视角设计高校学生工作战略管理离不开人的因素，人不仅是组织战略管理的实施者，还是组织战略管理实施的受众者，人的主体中包括管理者和学生。实现学生的合理要求、维护学生的合法权益是高校学生工作的出发点和落脚点。

从系统的视角设计高校学生工作战略管理能够实现组织、环境和人等各要素之间的有机结合，能够真正从战略的高度促进高校的发展，提高高校自身的竞争力，最终实现促进学生成长成才的目标。

二、基于知识的高校学生工作组织架构能力的提升

从知识的视角来看，知识需要在高校学生工作组织内部顺利流动，在学生工作者之间充分交流。这就需要高校学生工作组织结构进行相应的优化，充分利用并发挥组织的优势，为知识在学生工作组织中的顺利流动创造条件。

（一）基于知识的高校学生工作组织架构的原则

高校学生工作的对象——学生及外在的社会环境不断变化，要求高校学生工作组织必须采取相应的变革措施，而这种变革必须在最基本的组织设计原则上反映出来。

基于知识共享原理、知识价值发掘原理、知识资本积累原理、知识资本替代原理、团队协作原理、知识流辨识原理和智力资本的相互作用原理等，构成高校学生工作组织设计的基础，结合学生及外在环境的变化，主要遵循以下基本原则。

1. 以核心能力为中心的原则

学生工作的核心能力在整个学生工作中处于核心地位，是决定一所高校的学生工作水平高低的最重要的因素汇合。因此，在构建高校学生工作组织架构时，要以核心能力为中心，将优势资源与精兵强将凝结在学生工作最重要的环节，进而凸显某部分工作水平。

2. 组织灵活的原则

在高校学生工作中，学生出现的问题、情况可谓层出不穷，当面对这些情况与问题时，学生工作组织如果不能及时做出反应，会造成严重后果。因此，高校学生工作组织必须具有的一个特征就是应对变化的灵活反应能力。组织灵活性原则反应的是组织对于外部环境变化做出反应的迅捷程度。

3. 知识价值最大化的原则

将知识界定为高校学生工作中最关键的资源，因此，高校学生工作的组织设计要围绕知识来做，力争最大限度地发挥知识的潜能，使知识价值在学生工作中得以充分实现。

4. 最少层级的原则

传统高校学生工作组织架构基本以科层制为主，层级分明，级别众多。而这种组织架构不利于知识的传递与有效共享。因此，基于知识的学生工作组织架构应该遵循最少层级原则，打破原有科层制的桎梏。

5. 组织柔性的原则

任何组织都应该具有相对稳定的结构，但是并非一成不变。目前传统的高校学生工作组织架构由于过于强调稳定，缺乏可塑性与灵活性。为了适应学生日益增长的个性需求，应对外界环境的迅速变化，学生工作组织架构要因时而变、因事而变，保持组织柔性，动态适时调整。

（二）基于知识的高校学生工作组织架构的模型

从知识维度看，高校学生工作在组织结构上，整体从传统的等级型金字塔模式向双中心互动型扁平模式演进。一方面，学生工作组织中的中间管理层逐步弱化，通过拓展管理幅度、减少管理层次提升管理效率；另一方面，发挥"学生工作事务中心"和"学生工作知识中心"的双向互动促进作用，提升高校学生工作效益，具体如图6-4所示。

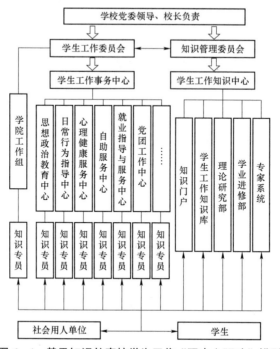

图6-4 基于知识的高校学生工作"双中心驱动"模型

对基于知识的高校学生工作组织架构解释如下。

1. 构建"学生工作事务中心"，增强为学生发展服务的能力

高校学生工作中的"以人为本"就是要把服务学生作为中心任务。因此，高校学生工作的教育方式是服务式的教育方式，高校学生工作者是学生的引导者、启发者和服务者。通过构建"学生工作事务中心"，在服务中体现学生工作的价值，"学生工作事务中心"，涉及学生日常需要的各个方面，从学生的学习辅导、宿舍管理、文体活动、勤工助学、就业指导等方面全方位为学生开展服务。

2. 构建"学生工作知识中心"，增强学生工作知识积累与提升的能力

通过"学生工作事务中心"中各个部门的知识专员，搜集、整理、传播学生工作中的相关知识，统一汇总到"学生工作知识中心"。在"学生工作知识中心"中，通过对知识的分类、整理、组织、存储、再开发与创造，将需要的知识和创新的知识再反馈给"学生工作事务中心"中的各个部门。"学生工作知识中心"

中设立学生工作知识库、案例库、理论研究中心、学业研修中心、专家中心等机构，对高校学生工作中的知识进行管理。

3. 事务中心与知识中心双向互动，促进学生工作能力螺旋上升

"学生工作事务中心"一方面是学生工作中的知识源泉，在实际的事务处理工作中，产生大量的知识。另一方面又是知识中心的实践平台，将知识中心产生的新知识在实际的学生工作中应用，使新知识不断被检验，并及时向知识中心反馈。"学生工作知识中心"一方面是学生工作事务中产生知识的接受者，另一方面又将知识整理、合并、创新，为学生工作具体事务提供智囊参考。两个中心通过知识的传递与共享，不断优化学生工作，进而使学生工作能力螺旋上升。

4. 设立高校学生工作知识管理委员会，提高知识宏观调控和管理能力

在高校学生工作内部，存在着大量与知识管理密切相关的部门或团队，包括招生、就业、学生日常管理等各个部门。所以在学生工作最高层成立一个知识管理委员会，与高校学生工作执行委员会相对应，有助于将知识管理视为一项合作性的工作，并且有可能在实践层次上继续指导各个学生工作知识中心遵循团队工作思路进行知识管理。

5. 学生工作组织结构凸显扁平化、弹性化

为了加快知识在学生工作组织中的传递，减少在传递过程中的耗散和扭曲，优化后的学生工作组织结构压缩管理层级，实施扁平化的结构。同时，离校学生工作者既在学生工作的各个事务中心，又因为各个知识项目凝聚在知识中，弹性化的动态团队适应性强，增强了工作者参与的积极性。

（三）基于知识的高校学生工作组织架构能力的提升作用

基于知识的视角设计的高校学生工作组织架构，对于增强知识在学生工作系统内部的流动效率，使知识共享更加方便快捷，进而激发学生工作系统建立学习型组织，增强团队学习效率有着积极的作用。

1. 有助于形成宽松、民主的学生工作体制，发挥工作者的主观能动性

正如前文所述，高校学生工作组织架构能力的提升，直接反映在高校学生工作的组织架构是现代型的组织架构，以为学生服务为重心，以项目化工作模式，凸显组织的扁平化与灵活性，这有助于形成一种宽松、民主的学生工作体制。在

学生工作共同愿景的目标性吸引下，学生工作者更加自由与民主，工作从以往的上级强行要求向追求自我价值与自我实现转化，有效地激发了学生工作者的主观能动性与积极性。

2. 有助于形成项目化、网络化的组织结构

知识具有流动性，基于知识的学生工作组织中的人员同样具有较强的流动性。学生工作者的组合往往是根据各个学生工作项目的目标而聚集，形成研究团队与学术组合。同时，充分利用现代化网络的办公特点，采取网上讨论组、QQ群、微信群，甚至召开视频研讨会的方式进行。在项目完成后，又进行分散，就下一个项目重新组合，从而将知识不断在学生工作组织中高效传递与共享。

3. 有助于学生工作学习型组织的建立

从知识的视角建立的项目化的学生工作团队，要求学生工作者的知识要进行动态更新，及时关注高校内外的最新信息，这些都迫切要求学生工作者要迅速更新自身的知识，要求高校学生工作组织成为学习型组织。这种需求是学生工作者个体的自身需求，要想不被迅速发展的学生工作知识化浪潮淘汰，其自身必须有积极学习、肯于研究的强烈愿望。同时，高校相关部门通过项目化的有效引导，设计帮助学生工作者系统化地开展学习，通过学生工作实践学习。通过有效的学生组织架构的构建，能够将潜藏在学生工作者头脑内部的知识激发出来，使其显性化，进而汇聚为学生工作组织的知识与智慧。

4. 有助于增强高校学生工作者的团队合作精神

高校学生工作是一项系统工程，培养学生的各个环节必须依靠高校学生工作者之间的团队合作才能顺利完成。这个团队不仅包含高校学生工作者，还应包含学生和社会用人单位。这样才能使培养的学生满足社会用人单位的需求，提高学生工作效率与效益。要组建一个充满合作精神的学生工作团队，需要高校学生工作者拥有共同的发展愿景，具有团队合作精神，认同团队的集体主义。

5. 有助于高校学生工作者的相互影响、沟通和知识共享

知识的传递带来学生工作者的流动，这种沟通不仅发生在高校学生工作内部，在高校学生工作者个体之间，学生工作各个部门之间，而且在高校学生工作组织与学生、社会用人单位以及其他高校等多个维度之间，有利于帮助高校学

生工作组织和个人了解学生的想法与需要、社会用人单位的人才需求,同时,从其他高校学生工作中吸取有益的经验与做法。

6. 有助于高校学生工作的知识更新和深化

高校学生工作的各部门通过合理的组织结构嫁接,彼此能够充分交流知识,并从学校外部及时吸收和借鉴最新的知识与经验。学生工作组织外部的知识被部分学生工作者得到后,能够迅速在组织内部传递与分享,帮助每位对此项知识感兴趣的学生工作者迅速了解并对已有知识进行更新,进而内化为自身的知识与能力。

7. 有助于确认高校学生工作中的核心知识,打造学生工作专家

知识在学生工作组织中被不断传递与复用,通过不断地"增值"有助于高校学生工作能力的提升。因此,在高校学生工作组织的权力结构设置中,应该注意让知识渊博、判断能力强的关键人物更多地参与高校学生工作战略决策,使其发挥应有的作用。凝练出高校学生工作的核心知识,进而提升整体工作水平。

三、基于知识的高校学生工作规范评价能力的提升

基于知识的高校学生工作在评价过程中应遵循全面客观、真实可信、合理规范和发展性的原则,评价本身不是目的,评价的发展性作用是评价行为的目的所在。全面客观的原则要求在高校学生工作中对各个方面进行把握,既要从整体的角度去宏观了解,也要从部分的视角去发掘细节,做到整体与部分的有机结合,同时必须保持客观的态度,保证评价结果的公正性;真实可信的原则要求评价的整个过程坚持以事实为依据的准则,并且保证结果的准确性,最终实现评价过程与结果的真实可信;合理规范的原则要求评价所采取的方法和标准必须规范合理并严格实施,确保评价结果的合理性和科学性;发展性既是高校学生规范评价的原则也是其目的,发展性的评价就是对评价结果做出具有发展性的报告,报告的内容包括针对评价过程中所出现问题形成的指导性的意见和建议。

基于知识的高校学生工作规范评价需要规范的评价体系和评价所要遵循的原则来"保驾护航",同时高校学生工作的规范评价也会推进规范评价体系的完善和原则的升级。

（一）知识分类推进高校学生工作相关制度的体系化

高校学生工作的知识分类，是指在高校学生工作系统中可区分的、可访问的知识的分类模式，知识分类可以对高校学生工作所有的知识有一个整体性的了解，并在需要的时候知道到哪里可以找到有价值的知识信息。

1. 高校学生工作知识分类对高校学生工作相关制度体系化的作用

（1）明确展示高校学生工作相关制度的整体结构；

（2）使高校学生工作所有的相关制度都可以被明确标示，并可进一步分类；

（3）使制度相互之间可导航，包括从类别指向资源（人、文档和事件等）的链接；

（4）帮助高校学生工作者快速准确地导航到他们需要的制度资源；

（5）通过内容分类，可以将内容提供者提交的信息分配到合适的位置；

（6）通过知识分类体系，可以更好地储备和更新相关制度。

2. 构建高校学生工作知识分类的原则

（1）相互独立原则。在进行知识分类时，应保证不同规章制度间的界限清晰，切合紧密。不要对一个学生工作事件给予多重的制度要求，否则会令高校学生工作者或学生无所适从。

（2）方便原则。根据高校学生工作者的使用习惯、熟悉的语言，让其能够清楚地知道不同制度的含义，能够快速查找需要的制度。

（3）稳定原则。应从高校学生工作全局角度来考虑整个高校学生工作的制度体系，整个制度体系应当是相对稳定的，不会经常变化。

3. 高校学生工作知识分类的方法

（1）按学生工作的组织结构设计：适用于相互独立性较强的高校学生工作部门，如学生资助、就业、心理健康等。

（2）按面向对象：可以分为面向高校学生工作组织的制度、面向高校学生工作各类人员的制度，面向学生的制度。

（3）按制度的来源：可以分为国家层面的高校学生工作相关制度、学校层面的高校学生工作相关制度、学院（系）层面的高校学生工作相关制度等。

（二）高校学生工作中知识管理与制度的相互作用

1. 知识管理有利于高校学生工作的制度更新与完善

学生工作相关制度的建立具有基础作用，这是学生工作得以顺利开展的机制保障。同时，相关制度的更新与不断完善更为重要，否则伴随内外部环境的不断变化以及学生需求的变化，"老办法"有可能会产生"副作用"。因此，需要对学生工作制度进行更新与完善。在学生工作中实施知识管理，有助于将外部知识传递整合到学生工作组织内部，通过知识的外化与整合，形成新的学生工作制度，帮助其动态更新与完善。

2. 在知识管理的过程中，应针对高校学生工作制度的需求实现有效供给

高校学生工作制度的更新与完善有诸多的影响因素，例如，国家各部委的最新文件要求、学生工作的现实需要、学校对相关文件制度制定的意愿等。从知识管理的角度，就是要把相应的知识有意识地收集、整合起来，并将其他高校的相关文件制度的制定情况及时反馈给高校，为制度的制定提供有效地供给与支持。

3. 高校学生工作制度对知识管理具有支撑作用

同样，知识管理需要高校学生工作制度作为支撑，高校学生工作制度对做好相应的知识管理具有积极的意义。如建立高校学生工作的知识获取与存储的制度，可以鼓励高校学生工作者将零散的知识和信息整合起来，存储到学生工作知识库中，并减少知识的获取成本及不确定性，节约知识存储的空间。通过建立高校学生工作的知识分享制度，对积极分享知识的高校学生工作者给予奖励，对各个部门进行知识分享积分，形成有效的激励与约束，消除知识管理中的分享障碍。

4. 有效的知识管理需要相应的高校学生工作制度匹配

与高校学生工作知识管理相关的制度较多，涵盖高校知识管理的全过程。主要从对高校学生工作知识的获取、积累、存储、检索、共享、利用、转化、知识服务等知识管理的全过程来设计相应的制度。通过相关制度的制定，对高校学生工作者进行有效引导与规范，激发学生工作者关注知识、重视知识管理的意识。

（三）基于知识的高校学生工作评价机制

如何对高校学生工作的水平进行有效的评价？这是高校学生工作的一个热点问题。本书尝试从知识的角度，探讨基于知识的高校学生工作水平评价体系，

从而发掘学生工作自身的工作现状、发展潜力、可能存在的问题，并参考其他高校学生工作的优秀经验。同时，从对高校学生工作的知识有效管理的维度，探讨知识获取、积累、共享、利用以及创新方面的状况，发现问题，促进提升。目前关于基于知识的高校学生工作水平评价体系的研究较少，本书以科学性、实用性、系统性、可操作性为设计原则，一方面结合高校学生工作自身的特点，另一方面借鉴了部分组织中的知识管理的评价体系，设计了基于知识的高校学生工作水平评价体系，具体如图6-5所示。

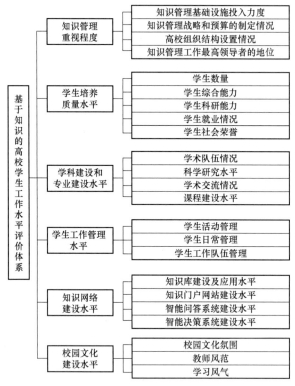

图6-5 基于知识的高校学生工作水平评价体系

1. 知识管理重视程度

这涉及知识管理在高校学生工作中的定位问题。主要有四个维度：知识管理基础设施投入力度——有没有专门的办公场所与办公设施；知识管理战略和预算的制定情况——有没有专门的知识管理发展战略，提供专项经费保障；高校组织结构设置情况——有没有专门的知识管理部门；知识管理工作最高领导者的地位等——是否设立学生工作知识CKO（首席知识官）。从多个角度探讨高校学生工作对知识以及知识管理的重视程度。

2. 学生培养质量水平

学生培养质量是高校人才培养的核心指标，也是高校学生工作水平的外在体现。其中，学生数量反映的是学校的办学规模，学生综合能力反映的是学生的人文素养、社会责任、表达沟通等综合素质，学生科研能力反映的是学生的学术研究水平，学生就业情况反映的是学生的就业率、就业层次与就业匹配度，学生社会荣誉反映的是学生在社会上的口碑与社会的认可度。

3. 学科建设和专业建设水平

学生工作相关的学科与专业，包含高校学生思想政治教育、高校学生管理、教育学、心理学、哲学等多个相关学科，其建设的水平直接决定了高校学生工作是否有足够的智力源泉与智力支持。因此，要从学生工作相关学科的学术队伍情况、科学研究水平、学术交流情况以及课程建设水平等维度，对学科与专业建设情况进行全面的评价。

4. 学生工作管理水平

高校学生管理水平是开展各项学生工作的基础，高校要树立"以学生为本"的理念，挖掘学生的现实需要，满足学生的成长需求。包括学生活动管理，主要指各种学生活动的策划、组织及实施；学生日常管理，主要指学生寝室管理、学生日常行为管理、学生资助管理、学生心理辅导、学生就业指导等，涉及学生日常的方方面面；学生工作队伍管理，主要指学生工作者的选聘、管理、使用与考核等。

5. 知识网络建设水平

知识网络的建设水平直接体现了学生工作的知识在学生工作的应用状态如何。主要侧重考察高校学生工作知识库的构建与使用情况；是否有统一的知识门户网站及其使用情况；是否有专门的学生工作智能问答系统与智能决策系统，以及各自的使用情况。

6. 校园文化建设水平

校园文化是一所高校围绕着人才培养目标，基于实际的教育教学工作，建立的一整套学校价值观念、师生的行为习惯等学校内部氛围。从知识的角度考察，主要包含其校园的氛围如何、教师的风范如何、学生学习的风气是否正确等。

第三节 "新常态"背景下高校学生管理工作的创新

一、高校学生工作管理理念创新

高校学生工作管理理念作为高校在管理学生时的方向和方针，对高校学生管理工作发挥着至关重要的作用，只有不断更新管理理念，及时做出调整，我们才能抓住机遇，迎接挑战，高校应该为学生工作管理理念注入新的活力，从容面对经济社会领域的"新常态"。

高校的学生工作管理理念最重要的一点是增强自身的服务意识，提高自身的服务能力，通过良好的服务拉近与学生之间的距离，促进学生管理工作的实施与开展。高校学生工作理念还应该改变传统的局限性，在平时的管理工作中充分发挥学生的主体地位，让学生自主管理，保障学生的话语权，及时获取学生的宝贵意见，在管理工作中听取建议，虚心接纳不同的声音，只有真正重视学生的学校才能够把握新时代背景下的高效发展规律，得到进步。高校应该及时考察学生的具体情况，结合实际情况调整管理方法，面对不同的学生要采取不同的管理方式，不可一概而论。对于学生的评价方式也不能过于单一，要满足不同学生的需求，从多方位培养学生的综合素质，而不仅仅是根据考试成绩来判断一切。

高校还应该建立法治化管理理念，"新常态"带来的现实状况使学生管理工作更加复杂，难度大大增加，只有在管理理念上加入法治思维，才能够保证学生管理工作的有效实施。法治思维主要体现在要正确认识高校与学生之间的关系，学校与学生在本质上地位是平等的，没有上下级之分，学校有权对学生进行适当的管理，同时学生也有权维护自己的合法权益。学校制定的规章制度应该得到学生的认同和执行，学生的诉求也应该得到学校的重视，只有双方和谐相处，高校学生管理工作的创新才能发挥其最大作用。

二、高校学生工作管理制度创新

管理理念的创新只是在理论上给了我们一个大致的方向,但是高校的运行始终是要落到实际上来的,必须有明确的规章制度加以保障。高校学生工作管理制度创新应该从管理对象、管理环境上来进行,学生作为高校的管理对象,应该得到重视,高校应该了解学生的实际情况,然后根据实际情况制定可行的管理制度。制定的管理制度只有得到学生的认可,才能更好地实行。管理环境是指学校的具体情况,其中包括了学校的基础设施、教师队伍资源等多方面,高校学生工作管理制度需要这些因素的配合才能得以实现,制度创新需要一个透明开放的健康校园环境来支撑。首先,学生管理制度实施的前提条件是这个制度必须是科学合理的,所以在制定学生工作管理制度时,学校要慎重进行,做好前期的思想准备工作,邀请权威的专家学者进行讨论,要保障其严谨性和科学性,更要合理合法。其次,管理制度的制定必须得到全校师生的认可,制定规则要保证师生之情,最好是让学生参与到制定过程当中来,不能只由某个人或几个人的想法来决定,必须做到公平、公正、公开。最后,高校学生工作管理制度必须得到实践的检验,通过一段时间的实行,找出制度存在的问题,然后根据实际情况和意外变化再进行修改,力求做到适合学生的现实发展情况。

三、高校学生工作管理模式创新

经济社会领域的"新常态"要求高校学生管理工作模式能够做到管理与服务相结合。高校必须明确自身的责任和任务,在管理学生的同时要为学生提供良好的学习条件和成长环境。高校应该不断提升自身的管理理念,不仅仅是单纯地进行制度管理,还要走进学生的内心,寻求让学生获得更好教育和发展的方法,确保为高校学生提供优质的教育资源,形成管理与服务相结合的管理模式。只有提供了良好的服务,让学生得到了良好的教育,高校的管理工作才能如鱼得水,开展得更加顺利。与传统的高校学生工作管理模式不同,新时代背景下我们要做到让管理与服务共存,学生更加自觉自主地接受学校的管理,而不是一味地听从教训。

四、高校学生工作管理方式创新

高校学生工作管理方式的创新在本质上可以弥补资源不足、技术缺乏等问题。随着教育的发展与改革，高校学生管理方式必须得到一定的改变才能满足时代发展的要求。当前，学生工作管理方式创新可以从技术手段的革新入手，科学技术在教育领域的应用已经屡见不鲜，在学生工作管理过程中可以使用现代网络技术和信息平台，不仅可以节省资源，提高管理效率，还能有效促进高校教育的现代化。打破传统学生工作管理的局限性，利用信息技术随时随地对学生进行管理，许多工作也能减少不必要的麻烦，节省学生工作管理的时间成本。例如，在学生工作管理中利用微博、微信公众号、QQ 交流群等网络平台发布相关信息，接受学生的反馈和建议，不仅能够有效管理学生，还能加强与学生之间的交流互动。加强学校官网的建设，增加必要的板块，让学生能够在学校官网查阅信息、办理业务等。高校学生工作管理方式还能从学生的主体地位入手，充分发挥班干部、团支书的作用，建立学生自主管理模式，增强学生的责任感和凝聚力。定期组织班会，让师生近距离交流，对一段时间的工作做出总结，共同找出管理方式的不足，汲取经验，让师生共同制定合理的管理制度，这样的管理模式更能得到学生的认可。

第四节　高校学生工作下的新媒体使用对策

在提倡"互联网＋"的今天，新媒体作为互联网新平台已经运用到生活中的各个领域，在生活和社会经济的发展中起到了重要作用。高校学生作为成长改革创新的新一代，在新媒体的使用中占了很大比重，这给高校学生工作带来契机的同时也带来了很大的挑战，所以学生工作要从内容、手段、形式等方面去改变。高校学生工作要适应时代的特点，高校学生工作者也要紧随时代的步伐，在秉承传统管理的有效方式的基础上，不断拓展学生工作的新途径、新方法、新手段，不断拓展学生工作的成长空间，打造有影响力、有创造力、有号召力的学习工作新方法。下面将具体阐释高校在使用新媒体出现问题时应采取的对策。

一、健全高校新媒体使用机制

（一）学习新媒体的监督管理机制，做好舆情引导工作

2016年4月19日，习近平总书记主持召开网络安全和信息化工作座谈会并发表重要讲话，他指出"没有信息化就没有现代化"。可见信息化已经影响到社会的各个方面。当代社会信息传播最广泛的大众传媒工具是新媒体，新媒体是当今重要的信息载体，它具有门槛低、传播迅速等特点。正是因为这些特点，必须对新媒体平台加以重视并进行必要的监管。高校作为管理和服务部门，为了做好舆情监控，及时了解新媒体环境下的学生相关信息，应制定相关的规章制度，做好把关人的角色，通过新媒体及时了解学生所思所想，了解他们的思想动态，通过主题网站的建设，通过新媒体的传播，通过讲座等其他形式，给予学生正确的引导。在新媒体已经发展到自媒体的今天，每个学生个体都是一个信息的发布者，每个学生都可以根据自身喜好传播自己的所思所想，根据自己的价值观发表言论。正因如此，"把关人"的角色就变得尤其重要。如某高校学生，在体能测试前在微信上发布代跑信息，微信转发十分迅速。高校学生在价值观、人生观建立的重要时期，不能准确地辨别事件的危害性，此次事件造成了恶劣的影响。

在提出"你使用个人的博客、微博、微信、QQ、人人网的频率是多少？"这一问题时，三所高校的学生给出了以下回答，如图6-6所示。

从上图可以了解到高校学生使用新媒体社交软件的频率十分高。新媒体的及时性特点正是我们监管的难点，学生在这些平台上随意发表对某一事件的看法，表达对某一事件的意见，他们并不曾考虑自己发出的声音会对该事件造成什么影响，没有考虑网络信息来源的真实性。高校学生正处于思想和心理的建设时期、成长时期，在信息多元化的今天，很容易被海量的信息所误导，且做出不成熟的判断，从而激化舆论，有可能产生严重且恶劣的影响。在中央16号文件中，对高校学生工作者提出了要求，

图6-6 使用频率统计

要严格控制不良信息在高校学生中的流传,防止高校学生受到不良信息的影响,要给高校学生营造一个安全、舒适、干净、纯洁的网络环境。

(二)优化新媒体环境下学生工作大环境

古语有云:"矩不正,不可为方;规不正,不可为圆。"高校环境是社会大背景下一个相对单纯的社会缩影。我们必须完善相关网络的法律法规,规范整个社会的网络环境,为高校学生营造一个良好的网络大环境,杜绝黄赌毒以及不良信息、不真实信息的传播。2016年4月19日,习近平总书记主持召开网络安全和信息化工作座谈会并发表重要讲话,明确提出了网络环境、网络安全建设的重要性。高校学生的教育并不是凭学校一己之力就能解决的,很多家长错误地认为学生到学校后教导学生的责任就在于学校,其实一个人格健全学生的培养是多方面条件和因素共同作用的结果,是需要社会各界的通力协作才能够达到的目标。在学生培养中家庭因素对一个学生的影响起着决定性作用。只有学校、社会、家庭三者紧密团结形成全社会关心高校学生成长成才的合力才能够实现培养目标。学校、社会、家庭构建三位一体的体系共同帮助优化新媒体环境,为学生工作开展创造一个良好的条件。学校方面,要及时发现问题、监管问题、处理问题,并及时向当地职能部门反馈所发现的问题。学生家长方面,要及时对自己的子女做出积极、健康、绿色使用新媒体的引导,严格教育,且注重思想道德修养。社会方面,希望社会成员在发现新媒体违法行为的举动之时能够及时加入监督与举报的行列之中,让新媒体有一个健康干净的环境。

(三)完善高校学生工作中新媒体使用的配套机制

整体性、多方合作联动的综合性是高校学生工作的特点,日常管理工作,涵盖学校的多个部门以及所有在校学生,新媒体的出现为学生工作带来了新的机遇,也对部分软硬件配套设施提出了新的要求,包括社会协作管理机制、日常运转机制、事务性管理机制。

社会协作管理机制是指改变原有的以辅导员为主导的学生工作管理模式,让社会各界共同参与学生工作的管理,鼓励学生自身、学生家长、社会各界专家学者共同参与到学生工作中。

日常运转机制是指新媒体的使用也是在有制度、有约束的情况下运行的,并不是不受限制的完全自由。我们在日常运转中要加强对新媒体使用的规章制度的建设以及监督管理。这样才能取其精华去其糟粕。

事务性管理机制是指有关新媒体运营的事务性管理工作，要下设专门的部门，成立专业人员队伍，并形成线上线下的反馈机制，分阶段对工作进行反思总结。

二、推进高校学生工作者使用新媒体的队伍建设

在新媒体技术盛行的今天，高校学生工作者应掌握平台使用技术，合理发布内容，这对学生工作队伍的建设提出了新的要求。如今的高校学生工作应在了解基本学生工作规律的情况下掌握新媒体运营技术，形成一支真正意义上的政治强、业务精、作风正、纪律严的队伍。

（一）加强媒介素养培养

辅导员作为学生工作的主要力量，中央 16 号文件对其职业定位如下：辅导员是高校学生工作的管理者和实施者，具有教师和干部双重身份。辅导员应该争做学生的人生导师和成长之路上的知心朋友。由此可见，高校学生工作者不仅是传道授业的解决问题、传递信息的教师，还是陪伴守护学生成长成才的知心朋友。在新时代下，高校学生工作者提高媒介素养的要求变得急迫且必要，这是为了更好地实现学生成长而必须做出的努力。在大众看来，媒介素养只是新媒体技术的使用，但是媒介素养包含了信息筛选、整理、批判、分析等，在新媒体平台上整合出有效信息并将其用到学生工作中去。要对新媒体工作平台上的碎片化信息进行整合分类筛选，并发现其中所隐含的学生在学习生活中的问题，时刻关注学生思想动态，了解学生生活学习状态。因此，高校学生工作者必须掌握网络传播的特点以及各新媒体工具之间的差异，根据不同的新媒体特点开展工作。目前，在新媒体使用中，以下几种新媒体工具最直接且最常用。按点对点的传播效果最大化来分，微信和 QQ 是最有效且直接的方式，其实微信更胜于 QQ。从点对面的传播方式来看，微信公众号、网页推送是最为有效的方式，微信公众号的效果好于各大主题网站。

培养高校学生工作者媒介素养的方法如下。

首先，以课堂理论教学为主，综合讲座、案例分析、现场教学、小组讨论构建学生工作者理论知识体系。媒介素养教育作为现代媒介社会中应该普及展开的公民素质教育之一，在全国范围启动推广，是现实可行又功效显著的战略。当代高校学生工作队伍实施媒介素养教育，制定教育课程，切合现代大学教育形势。当代高校学生工作队伍作为学生思想政治教育的主要实施者，他们的媒介素养现状不容乐观，提升其媒介素养、实施媒介素养教育显得更为重要。通过开设正规的媒介素养教育课程，使高校学生工作队伍系统地掌握科学的媒介理论，为媒介素养实现从自由向自觉的转变提供理论指导。拟定主要课程，包括"理解媒介""传播学概论""新闻学原理""媒介经营管理""市场营销学""选题策划""基础写作"等，学习这些课程可真正理解媒介、使用媒介而不是被信息控制，这也就是我们所说的媒介素养。对于学生工作者而言，具有媒介素养不仅仅是能够理性地分辨信息，更能够完整并且客观地对媒介所传递出来的信息做出判断和评价，还能够有效地利用新媒体和媒介信息来满足工作的需要，促进自身的成长和发展。此外，通过媒介素养教育课程，提高自身媒介素养的同时，要引导学生养成辨别、传播、评判和利用媒介信息的能力，进一步激发高校学生成为新媒体的功能发挥者动力，而不是沦为"大众媒介或信息的奴隶"。

其次，充分利用和不断构建网络媒介素养教育平台。新媒体时代高校学生获取信息的途径和方式五花八门。因此，对学生工作者的工作方式和方法也提出了更高的要求。所以，媒介素养教育应面向全校学生工作者深入开展宣传，新闻传播学的专业教师应起到骨干作用。在高等教育大众化的大环境下，让媒介素养教育走出专业教育的局限，成为全体师生的通识教育。此外，依赖传统的线下课堂远不能满足媒介素养教育的要求。提高学生工作者的媒介素养也要主动通过校园媒体报纸、广播、网站、手机媒体等进行实践学习，在实践中提高学生工作队伍的媒介素养。只有这样，才能在了解的基础上通过上述平台对网络媒介知识进行有效并充分地利用，从而在高校学生使用频率较高的新媒体平台开展网络媒介知识的宣传、竞赛等活动，针对热点问题开设论坛专区，通过上述手段积极引导，帮助学生形成健康的思维方式和理性的评判体系，增强高校学生对网络不良信息的免疫力，正确科学地引导学生，实现学生工作目标。

加强实践环节教学，在对学生工作者加强理论指导后，更重要的是将理论运用到实践之中，可以创造条件到新媒体平台实习，增加实训、实践教学的环节，在实践中发现问题，并提高分析问题解决问题的能力。

（二）建立健全专职新媒体学生工作队伍

"工欲善其事，必先利其器。"高校学生工作者要想在新媒体时代打破传统的工作模式，就必须使用新的工作理念，运用新技术、新平台，也就是运用新的工作理念去使用新媒体技术。各高校在重视新媒体使用的同时首要建立健全一支专业专职的使用新媒体的学生工作队伍。只有这样才能够避免在学生工作中存在铁打的管理者以及流水的作业者。这就要求各高校增设相应的岗位和编制，划拨专门的资金对这一群工作者进行专业培训。

三、转变高校学生工作者的态度

教育者应当在学生受教育之时给予相应的指导和支持，不能让学生在信息的海洋中漫无目的地遨游，教育家泰普斯如是说。在以往的概念里面"师者，传道授业解惑也"，学生工作者处在一个传播的位置，学生作为受众被动接受，双方无互动，缺乏交流。这样的工作形式严重影响了学生的主动性、自主性、创造性和参与性。新媒体传播内容丰富、形式多样、传播迅速等特点为学生和教师之间提供了更多的话语权和自主权。高校学生工作者应该顺应时代的要求并尊重新媒体的特点，秉承"以人为本"的理念与学生进行平等的沟通和交流，成为他们的引导者。高校学生对于新媒体需求强烈，对于这一现象传播学"使用与满足"理论给予了很好的阐述。新媒体使用者大部分为青年学生，学生工作者应该与时俱进，不能忽视该问题，应当采用积极的手段去解决问题并且充分尊重学生的主体地位，转变以往单一的灌输式教育，改为互动式教育。利用新媒体自由开放的特点让学生参与其中，提高学生的能动性和创造力，并且引导学生传播正能量，以达到学生工作的目标。

（一）坚持"线上+线下"模式，提高工作效率

习近平同志在2016年4月中央网络安全和信息化领导小组第一次会议上着

重强调了互联网思维，他在会议上强调"做好网上舆论工作是一项长期任务，要创新改进网上宣传，运用网络传播规律，弘扬主旋律，激发正能量，大力培育和践行社会主义核心价值观，把握好网上舆论引导的时、度、效，使网络空间清朗起来"。

实际上，如今的高校学生大多是"90后"，对手机和计算机具有一定的依赖性，开通网络课程可以方便他们在网上随时随地学习。在解决诸多困难之后，就业指导培训终于实现了线上线下双向互动模式。在新媒体技术日新月异的今天，要坚持"线上"教育与"线下"教育相结合。

在"互联网+"时代背景下，构建"线上"与"线下"教育新模式，学校除了要利用新媒体对学校的政策方针进行传播，发布积极向上的信息，还要在网上做好高校学生思想的引领者。高校思想政治教育为了更好地适应大数据时代的到来以及大规模在线课堂的冲击，也需要极大地优化高校思想政治教育的方法和手段。就目前学生思想政治教育工作大环境而言，与学生工作相关的线上教学内容十分欠缺，然而"慕课"作为一种新型网络式教学模式，有其独特的功能优势，是推动高等教育教学变革和创新的重要成果。慕课是一种具有生机与活力的线上课堂，在教学内容与形式、教师的角色甚至评价方式上都有很大的不同，慕课教学更能体现"学生为主体，教师为主导"的教学理念，更能激发学生学习的主动性和自主性，在培养学生独立思考、探究问题的能力方面有着重要的作用，同时对改善和创新高校思想理论课教学有重要的实践意义。慕课具有大规模、开放性、非结构性以及自主性四大基本特点，极大地拓宽了课堂教学空间。慕课教学主要有五大构成要素，即微视频学习、课堂讲授、问题探讨与学习小组、测试与评估、教学评价与反馈机制，这给高校教师提供了一个慕课教学具体操作过程。慕课教学具有四大评价反馈机制：诊断性评价、增值性评价、自身进步评价以及组织质量评价。从内容以及形式上慕课与传统课堂具有很大的不同，极大地展示了慕课在高校思想理论课堂教学中应用的独特优势。在线上发布与学生工作相关的慕课，如心理健康、就业指导等课程，鼓励学生利用网上课程进行学习，培养学习自主性、积极性以及自我管理的能力。目前，大部分高校都在网上成立了虚拟创业学院，学生可以在网上进行学习，在线下，学校也开设了线下课程，同时鼓励学生进行创业实践。线上模式不受时间空间的限制，更契合高校学生的实际情况。

虽然新媒体已经深入学生的学习生活之中，但是目前学生工作的开展仍主要集中在线下教学当中，这里主要提倡加强学生思想政治教育工作的线下实践环节。《教育规划纲要》提出："坚持能力为重。优化知识结构，丰富社会实践，强化能力培养。着力提高学生的学习能力、实践能力、创新能力"，注重知行统一。由强调"知识"转向强调"能力"，这是一个巨大的转变。学生的发展应是全面发展，知行统一，而不仅仅是发展学生的认知能力，还应发展学生的情感态度价值观、解决实际问题的能力、与人合作的能力等。当前世界教育的趋势之一是强调学生在掌握知识的同时，更应全面发展能力，即人们常说的"授之以鱼，不如授之以渔"。实践教育能培养学生的各种能力，包括知识运用、团队协调、领导、策划组织、言语表达、沟通等能力。实践教育提倡学生动手实践、亲身经历、手脑并用，这与学生全面发展的理念是一致的。

（二）发挥高校学生意见领袖的舆论作用

随着新媒体时代的到来，信息的传播方式发生了很大的变化，尤其是发展到自媒体时代的今天，传播方式从传统意义上的"单向传播"转变成"互动式传播"，从"泛化传播"到今天的"碎片化传播"，现在每个自媒体的使用者既是信息的接受者，也是信息的传播者。因此在新媒体时代，话语主导和意见主导已经成为高校学生思想政治教育的主战场，而话语主导和意见主导的载体即意见领袖，于是意见领袖在思想政治教育中的地位和作用可见一斑。

高校学生意见领袖是高校学生思想政治教育的一支重要力量，他们在微博、微信、博客等新媒体平台上发布信息评论干预的过程中发挥着极其重要的作用。如何有效发挥高校学生意见领袖的重要作用是高校学生思想政治教育工作的重要课题。其一，引导高校学生意见领袖，为使高校学生意见领袖照着既定高校学生思想政治教育目标前进就必须对其进行必要的引导。当然引导不是行政要求，而是采取适应高校学生心理特点、语言习惯的方式进行指引。任何事情都有其两面性，学生意见领袖也是如此，因此，要对现有的高校学生意见领袖进行引导教育并且要注意方式方法。其二，培养高校学生意见领袖，在学生工作中要注意发现和引导高校学生意见领袖。积极培育高校学生意见领袖旨在使其发挥主导作用，防止错误信息的传播误导。高校学生流动性强，这也是高校学生意见领袖培养的难点，在培养意见领袖的初期学生工作者要主动发现那些思想成熟、意志坚定的学生，在培养过程中要采取自愿的原则进行阶段性的培训，同时在日后的工作中给予相对自由的空间。一般意见领袖会在学生干部中产生。他们在班级中有较大影响力，他们对事情的看法会对班级舆论形成导向作用。比如，十七大期间，班级微博意见领袖可以通过转发十七大的相关报道，引导班级学习和关注十七大精神，增强同学的爱国热情，增加对社会热点事件的关注度。之后，学生意见领袖可对此事发表看法并在微博上展开评论，在某种程度上引导学生的舆论走向。其三，运用高校学生意见领袖，高校学生意见领袖在高校学生群体当中有相当大的影响力和吸引力。无论是在学生中产生消极影响还是积极影响的高校学生意见领袖，都要重视，都要引导与培养。在培养高校学生意见领袖的过程中要淡化行政意识，注重平等，使其成为观察员以及信息源。

（三）优化新媒体环境下学生工作流程

传统学生工作模式存在着单向传播、交互性极弱、工作流程较长、解决针对学生事务的问题时效率较低等弊端。事实上，在研究中发现虽然新技术有助于学生工作，但是在目前的"新媒体+学生工作"的融合中，还存在一些问题，所以要提升学生工作的效率，在新媒体环境中优化学生工作流程。一方面，要打造畅通的新媒体平台，如QQ、微博、微信以及博客等，使与学生沟通和学生工作信息上传下达更加高效；另一方面，借助新技术能够简化学生工作的流程、提高工作效率。新媒体传播信息可以打破时空限制，能够使很多学生工作"足不出户"即可快速完成，与此同时，新媒体平台对于原有的工作资源进行整合，使以往需要多个部门联合办理的学生工作，现在由统一的学生服务平台即能够完成。

四、创新高校学生工作的内容、形式和方法

根据学者提出的"媒介即信息"观点，新媒体本身带来的社会变革和传播方

式的改变远比传播的信息本身更有价值。当新媒体运用于高校学生工作时，新传播工具必然会带来内容、形式和方法的新变革。高校工作者在工作中要扬长避短，激浊扬清，批判地吸收和使用新媒体。

（一）丰富新媒体环境下高校学生工作的内容

新媒体的传播语境具有"人人都有麦克风"的特点，呈现出受众一体化、海量信息多元化等特点，而目前的高校在使用新媒体进行学生工作中存在着内容单一、传播方式僵化、传播语言滞后等问题，传播学理论"使用与满足"提出受众使用传播媒介是为了满足部分需求，而高校使用新媒体正是为了满足学生们多样的信息需求。因此，高校学生工作者应该盘点现有的新媒体传播资源，提供多样化、多维度的信息服务。通过研究发现，学生们不仅期待从新媒体平台上了解教学等日常事务信息服务，而且更关注交换留学、创新创业、心理健康以及支教等多方面的信息。在创建一流大学的今天，在全球化的时代大背景下，高校在立足本土的同时，可以放眼全球，提供全球化的科技、教育等的信息服务，这不仅有利于开阔学生视野，更能提升高校使用新媒体的水平。在丰富内容的同时，高校应该采用时下流行的网络语言和方式进行传播，有效提升高校学生工作的效果。

（二）"互联网+"思维创新高校学生工作模式

随着互联网的广泛普及，互联网思维也逐渐融入我们生活的方方面面，如人际交往模式、商业操作模式、工作模式、文化传播模式、社会管理模式等，它深刻地改变了社会的各个领域。在互联网思维发展到"互联网+"的今天，我们在学生工作中更加应该与时俱进，在新的思维模式下创新学生工作模式。"互联网+"通俗来说，是"互联网+各传统行业"。然而"互联网+"并不是简单相加，它是通过信息技术充分利用互联网平台，是传统行业与互联网深度融合，创造出一种新的社会形态，利用互联网将社会资源进行优化配置和集成作用。互联网教育成了互联网金融之后的又一热潮。高校学生工作作为高校学生教育的一个重要环节，高校要打造"互联网+学生工作"的全新模式，这是紧跟时代步伐、顺应时代要求的重要举措。

首先，要发挥跨界融合的互联网思维，将传统的学生工作转移到互联网平台上进行。将纸质化办公转为电子化管理，将多方协调联动通过网络进行整合。2016年《关于加强和改进新形势下高校思想政治工作的意见》提出，要通过易班这种媒介加强高校网络思政教育工作。易班是一个以高校师生为主要使用对象的网络虚拟社区，集成了BBS、SNS、博客、微博、手机应用等多种新型互联网应用。包含了新闻、通信录、校园应用、博客、微博、相册、互动社区、论坛、邮箱、网盘以及掌上易班。易班作为"互联网+学生工作"的高校育人工作新平台，目前还处在开发、推广、使用阶段，某大学目前可以利用易班实现线上请销假、上课签到、旧物置换、线上活动开展等功能，如近期开展的"古诗词大会"活动。以请销假功能为例，在大学中请假需要学生工作管理者、教师、学生三者达成一致才能完成一次请假手续，请销假在电子平台上进行，师生不再需要面对面办理手续，节约了师生之间的时间成本，有利于学生工作管理者和教师以及学生三者之间的信息对称、信息共享，摈弃了之前请假需对方核实的程序，做到真正的管理规范化。

其次，高校充分学习"互联网+"中自由分享、共同参与的新思维，鼓励高校学生参与到校园事务的管理和运营中，吸纳学生参与到具体的新媒体工作中。发挥学生"主人公"的角色意识，真正做到"服务来自学生，服务为了学生"。例如，大学微信公众号平台有个人服务、便民服务、功能服务三大板块，在个人服务这一板块中有"机关作风"这一项，只要是这个大学的师生就可以通过自己的学号登录，然后对机关作风、机关服务进行评价，成为学生工作的参与者与监督者。公众号在专职教师的指导下主要由在校学生维护和运营，真正让学生参与到学生管理事务中。

最后，加强高校"互联网+学生工作"平台的整合。"互联网+学生工作"的全新模式，是时代发展的产物。因此，可以认为在"互联网+学生工作"平台发展的过程中呈现出百花齐放、各自为营现象。实际上，大学一般拥有多个平台，学校、学院、学生自助运营的"互联网+学生工作"平台在200个以上。对于学校及学院的"互联网+学生工作"需要有专门的部门进行整合，避免功能的重复，避免学生由于"互联网+学生工作"的平台过多而造成信息获取的无序非权威的认识。如果有一个专门的运营部门，成为权威的发布信息、处理问题的渠道，会减少各部门的重复工作，会让学生轻松获取最权威、最完备的信息。这样才能使学生工作整体更为有序且实现专业化、专职化。对于学生自己运营的平台要加以正确引导，确保学生在自我展现、自我服务中符合主流的意识形态。

（三）打造网络社群平台，服务学生工作

网络社群平台是学生工作管理和服务的重要载体。网络社群是基于网络平台、数字化的个体组成的一个内部群体，群体之间相互作用、相互影响。打造网络社群平台，拓宽学生工作新途径，利用网络社群平台提高学生工作针对性，加强学生工作的渗透性，从而更好地管理和服务学生。网络社群平台是互联网时代符合高校学生学习生活规律的交流平台，为高校学生工作搭建了新的载体。建立"教师—网络社群平台—学生"与"学生—网络社群平台—学生"的网络社群平台学生工作模式。该模式完善了传统学生工作模式，发挥了学生自身在学生工作中的自我管理作用及舆论推动作用。

第一，网络社群开辟学生工作新空间。当下高校使用新媒体进行学生工作存在的局限性是新媒体平台大多是在传递学生工作信息，信息通常是在发布者和接收者之间的流通，而对于学生群体内部，即学生之间的流通性欠佳。调查发现，目前的高校新媒体普遍涉及的是学生的日常教务等信息，有广度没有深度。因此，应该发挥高校新媒体覆盖面广、覆盖群体稳定的特点，改变原有新媒体的"传播工具"定位，打造具有传播信息、提供服务和社交服务功能，以兴趣聚合学生的社群平台。让学生们可以通过高校的新媒体平台进行社交活动，进行线上的讨论和聚合，并延展到线下的活动开展，让学生工作真正走入学生的生活、学习、心理等各方面，使高校新媒体工作不仅覆盖广阔的学生群体，更能深度影响学生们的生活。

第二，组建网络社群平台工作队伍。在日常工作实践中，大部分高校会以学院、年级为单位建立微信群、QQ 群等以信息发布、学业指导、生活服务为内容的网络社群，从日常生活与网络中了解学生的思想状态、情感状态，以及学生的真实想法和感受，然后再进行相应的指导和处理。高校将目前零散的网络社群资源进行整理与整合，改变当前无序、无规划的状态。因此，高校应组

建专门的由教师领导、学生共同参与的社群开发及服务队伍，在已有的学生会等各级学生组织的基础上，将网络社群相融合，充分发挥教师、网络意见领袖、学生骨干的作用。及时掌握网络舆情，高效管理学生事务，真正做到全方位服务学生。

综合而言，只有创新发展高校学生工作，才能促进学生管理的进一步完善，才能充分保证学生工作的顺利完成。

参考文献

[1] 陈捷. 核心素养：高校学生工作内涵式发展的应然路向[J]. 思想教育研究，2020（2）：138–141.

[2] 丁杨. 高校学生工作新媒体使用研究[D]. 长沙：湖南大学，2017.

[3] 董磊. 基于微信公众平台的高校学生工作平台设计与应用研究[D]. 沈阳：沈阳师范大学，2014.

[4] 傅格. 新媒体对高校学生工作的影响及对策研究[D]. 南昌：江西师范大学，2014.

[5] 高潮，彭丽媛. 学校社会工作嵌入高校学生工作治理的可行性与现实路径[J]. 学校党建与思想教育，2016（18）：47–50.

[6] 郭长兴. 学校社会工作嵌入高校学生工作的路径研究[D]. 济南：山东大学，2019.

[7] 韩冬. 基于知识管理的高校学生工作能力形成机理及提升对策研究[D]. 长春：吉林大学，2014.

[8] 胡波. 大数据时代高校学生维稳工作研究[D]. 郑州：郑州大学，2015.

[9] 胡玉翠. 微信环境下高校学生工作模式创新研究[D]. 济南：山东大学，2014.

[10] 黄芳芳. 基于社会工作理念和方法下的高校学生工作创新研究[J]. 社会工作与管理，2017，17（4）：44–49.

[11] 孔德鹏. 我国高校学生工作队伍专业化研究[D]. 石家庄：河北科技大学，2010.

［12］兰海波．高校学生工作干部队伍人力资源开发机制及模式研究［D］．石家庄：石家庄铁道大学，2016．

［13］廖星．新时期学校社会工作介入传统高校学生工作的可行性分析［D］．南京：南京大学，2014．

［14］林志军．高校学生工作管理系统设计与实现［D］．广州：华南理工大学，2014．

［15］刘毅．高校学生工作与学校社会工作的关系研究［D］．杨凌：西北农林科技大学，2013．

［16］刘志侃．高等教育新常态下高校学生工作的基本维度与实践向度［J］．高等农业教育，2015（4）：84－88．

［17］鲁越．基于服务理念的高校学生工作路径研究［D］．武汉：武汉纺织大学，2014．

［18］吕宁．大数据背景下高校学生工作转型研究［D］．济南：山东大学，2016．

［19］马宁．新时期高校学生工作创新研究［D］．沈阳：沈阳航空航天大学，2013．

［20］唐杰．高校学生工作绩效管理评价体系优化研究［D］．成都：电子科技大学，2013．

［21］王超．社会工作介入高校学生工作的可能性探析［D］．兰州：兰州大学，2013．

［22］王晖．新时代高校学生工作以人为本价值诉求探究［J］．江苏高教，2019（3）：100－103．

［23］王珺楠．新形势下高校学生工作研究［D］．长春：长春工业大学，2013．

［24］王伟．学校社会工作在民办高校学生工作中的运用研究［D］．武汉：华中师范大学，2013．

［25］肖磊．基于柔性管理高校学生工作的探究［D］．西安：陕西科技大学，2015．

［26］闫丽莉，邵莉莉．试论高校学生工作与思想政治理论课的融合［J］．学校党建与思想教育，2020（9）：60－63．

［27］杨延圣．我国高校学生工作专业化问题探究［D］．曲阜：曲阜师范大学，2010．

［28］叶祥杰. 校园文化建设与高校学生工作契合研究［D］. 广州：广东外语外贸大学，2013.

［29］俞贤辉. 高校学生工作队伍职业倦怠问题研究［D］. 上海：复旦大学，2012.

［30］张栗. 学校社会工作介入高校学生工作的路径研究［D］. 大连：大连海事大学，2017.

［31］张微. 高校学生工作的社会工作参与研究［D］. 武汉：武汉理工大学，2018.

［32］周刚."以人为本"视域下高校学生工作体制创新研究［D］. 苏州：苏州大学，2012.